Paola Cavallero

Ritrovare sé stessi in un'altra vita.

La morte, l'anima e storie di reincarnazione.

Storia, filosofia, scienza, studi e storie del viaggio della nostra anima attraverso il tempo.

Copyright © 2023 Paola Cavallero

DEDICA

Dedico questo viaggio alla meravigliosa trama di relazioni intrecciate nella mia vita.

Ai miei genitori, riconosco l'immensa gratitudine per avermi scelta come figlia: grazie per l'amore e le esperienze condivise e per tutto ciò che ci diamo, giorno dopo giorno.

A mia sorella, inconsapevole maestra della mia crescita, a suo marito Claudio ed a mio nipote Leonardo, compagni di viaggio non solo in questo tempo e luogo, ma forse anche in altri tempi e luoghi molto più lontani.

Ed a tutti coloro che sono tornati nella mia vita da chissà quali tempi e dimensioni, il mio cuore si apre con gratitudine.

Questa dedica è il riflesso di un legame che va oltre spazio ed il tempo, un saluto emozionante ai compagni di viaggio ritrovati che rendono la mia vita straordinaria.

Grazie di cuore

DISCLAIMER

Questo libro non sostituisce alcun medico ne' alcun aiuto professionale.

L'autore e l'editore non si assumono alcuna responsabilità per l'uso improprio o l'interpretazione errata di quanto descritto in questo libro ed è fornito a scopo informativo e rappresenta il semplice pensiero di chi scrive, non un libro scientifico.

L'autore e l'editore non sono responsabili degli effetti, delle conseguenze o dei danni derivanti dall'uso di questo libro.

L'utente assume la piena responsabilità per le proprie azioni e accetta di non addebitare all'autore o all'editore eventuali danni, lesioni o perdite materiali derivanti dall'utilizzo del libro.

L'autore e l'editore non si assumono alcuna responsabilità per l'uso improprio dei materiali o per eventuali danni causati dall'utilizzo degli stessi.

Si prega di utilizzare questo libro in modo

responsabile e rispettoso.

INDICE

Introduzione

Benvenuto in questo libro, con il quale, insieme, ci immergeremo in un viaggio profondo verso le fondamenta stesse del concetto della reincarnazione.

Spiegando cosa andremo a vedere insieme in queto viaggio, posso anticipare che inizierò dall'esplorare le radici partendo dai punti focali della mia ricerca, quali la tradizione, la cultura e la filosofia.

Andrò a definire anche che cosa significa il termine 'reincarnazione', procedendo poi considerando le differenze di interpretazioni attraverso le epoche, la storia e le varie filosofie e religioni.

Proseguirò cercando di porre le basi per comprendere appieno che cosa sia la reincarnazione, esaminando poi in seguito il ruolo centrale dell'evoluzione spirituale durante l'intero processo.

Approfondirò come le vite successive rappresentino una opportunità di crescita, di apprendimento ma anche di purificazione dell'anima stessa ed affronterò il complesso concetto di karma.

Passerò poi attraverso le differenti prospettive culturali per vedere come il concetto di reincarnazione sia profondamente integrato ed intrecciato con tutte le credenze sulla natura dell'energia vitale ma anche della connessione tra l'individuo ed ogni cosa che lo circonda, incluso l'universo.

Cercherò di far luce sulla complessità di questi passaggi, sulle responsabilità dell'intero processo e cercherò di far capire a fondo gli aspetti che compongono questa prospettiva così incredibile ed affascinante sul ciclo della vita e della morte, che sono il frutto della mia comprensione degli eventi.

Non trascurerò che cosa significa comprendere il concetto di rinascita e quali influenze una simile consapevolezza porterebbe nelle nostre vite e con quali incredibili cambiamenti.

Ma anche cosa vorrebbe poter significare il credere di non avere un'anima nel vivere quotidiano e nella società.

Un altro punto importante lo dedicherò alle persone che hanno dedicato la loro vita alla ricerca ed allo studio ed ai casi più recenti, specialmente in Occidente, dove si tende a parlare meno di reincarnazione per via di tabù culturali o perché si tende a liquidare i ricordi come se fossero semplici fantasie.

È un tema tutt'altro che facile da affrontare, ma che cercherò di spiegare come faccio solitamente, ovvero usando termini di uso comune affinché ciò che scrivo sia semplice e facile da comprendere per tutti.

Grazie per avere scelto il mio libro.

Paola

Capitolo uno - che cos'è la reincarnazione

La reincarnazione è un concetto largamente diffuso nelle culture orientali.

Molte religioni e filosofie quali l'induismo, il buddismo, il Giainismo ed il Sikhismo per citarne alcune, così come per le persone che nascono in determinati luoghi del pianeta oltre l'Asia, la reincarnazione è una cosa naturale, insita nella loro cultura.

Non solo in Oriente possiamo trovare questo concetto: se analizziamo alcune religioni tribali africane oppure una parte dell'ebraismo, così come ancora le scuole filosofiche dell'antichità, ritroviamo il concetto di reincarnazione ben sviluppato e radicato.

È un argomento controverso che, come tutti gli argomenti con questa caratteristica, è particolarmente interessante e discusso.

È un concetto che esiste da almeno 3000 anni e finalmente anche da noi sta acquistando sempre più visibilità ed interesse.

Se fino a qualche anno fa chi parlava di reincarnazione ci si vedeva rispondere con delle facce buffe, occhi che si allargavano o con delle smorfie, oggi la risposta è piuttosto cambiata.

Oggi il 65% di persone in più crede nella reincarnazione rispetto a 20 anni fa.

Pare infatti che secondo alcune ricerche in Europa e negli Stati Uniti d'America una percentuale *tra il 25% ed il 33% delle persone*, nel momento in cui scrivo, supporti o creda nella reincarnazione o comunque non ne respinga la possibilità.

Il 36% dei cattolici crede nella reincarnazione. Secondo lo studio condotto dal Pew Research Center, un protestante su quattro e un cattolico su tre credono che la propria anima ritornerà in un altro corpo dopo la morte, anche se tale idea non fa parte della dottrina ufficiale della loro religione.

Il 70% delle persone che ricordano una vita passata, ricordano di essere morti di morte violenta o innaturale.

Dopo un'ulteriore analisi di oltre 2.000 casi, stabilì che la causa probabilmente dovuta a un altro fattore, ovvero non un incidente, era del restante 30% dei casi studiati e riguardavano la vita passata di qualcuno morto di morte naturale.

Questi casi sono stati equamente suddivisi tra maschi e femmine, riflettendo la popolazione generale.

Tuttavia, nel 70% dei casi in cui la vita passata si è conclusa con una morte accidentale o innaturale, ben il 73% riguardava uomini.

Statistica che ben si adatta alla normalità in quanto gli uomini hanno spesso lavori o attività più pericolose, ad esempio fare il soldato, andare in guerra, guidare mezzi pesanti, essere coinvolti in risse.

(Dottor Jim Tucker n.d.r)

Talento naturale? E se non fosse così?

Il 9% delle persone che ricordano una vita passata mostrano un'abilità insolita legata a quella vita precedente.

Paura della morte ... Il 35% delle persone che ricordano di essere morte accidentalmente in una vita passata manifesta una paura estrema di rivivere lo stesso destino.

Ad esempio avevano paure quali quella di volare, di nuotare, degli spazi chiusi, dei serpenti, di soffocare o di rumori forti, per citarne alcune.

Si può paragonare ad un disturbo da stress post traumatico.

Inoltre il 26% di chi ricorda una vita precedente si ricorda in un corpo di sesso differente.

(Studi di University of Virginia)

Secondo il Dottor J. Tucker il 26% delle perso-ne che ricorda una vita passata manifesta qual-che tipo di fenomeno ESP*
(*fenomeno extra sensoriale – in questo caso di qualsiasi tipo).

Gli psicologi che studiano persone che affermano di ricordare vite passate hanno documentato molti casi di presunta reincarnazione all'interno della stessa famiglia.

Lo psichiatra Dr. Brian Weiss ha ipotizzato che potremmo avere una famiglia di anime, un gruppo di spiriti da cui siamo attratti, vita dopo vita.

Una delle paure più comuni è quella dell'acqua e di annegare: ben il 58%

Secondo il Dottor J. Tucker questo è plausibile perché' questo tipo di incidente è il più comune rispetto ad incidenti stradali o da arma da fuoco e può seguirci quindi anche nella vita seguente.

Lo stesso Dottore ci dice anche che se il 2% ricorda anche altri episodi legati alla reincarnazione quali ad esempio il proprio funerale, ben il 20% ricorda il luogo dove sono stati prima di rinascere ma anche di aver guardato la famiglia e di averla scelta, prima di ritrovarsi nella loro nuova vita.

Non è che questi numeri rendano necessariamente reale un fenomeno, però ci danno con chiarezza una visione generale di quanto questo concetto non sia di poco conto.

Se invece ci spostiamo a dare un'occhiata all'intero globo terrestre, il numero delle persone che crede nella reincarnazione su questo pianeta è di quasi 4 miliardi, includendo appunto tutte quelle culture che hanno naturalmente sviluppato questo concetto nel loro vivere quotidiano, ed in modo così saldo, essendo alla base delle loro principali tradizioni religiose e/o credenze.

In Occidente se ne parlò già anticamente, molto tempo fa, e lo fecero ad esempio Pitagora, Platone, Origene e Plotino, Empedocle, Tertulliano, Cicerone, Virgilio, Ovidio, Plutarco, tra gli altri.

Mentre ai nostri tempi il concetto venne ripreso da Rudolf Steiner (1861 - 1925), Allan Kardec e così anche dalla New Age .

Senza dimenticare naturalmente Hume, Kant, Voltaire, Benjamin Franklin, Henry Ford, Schopenhauer, Nietzsche, Gandhi, Giordano Bruno, Paracelso, Goethe, Giuseppe Mazzini, Richard Wagner, Khalil Gibran, Thomas Edison, Franco Battiato, per nominare solo alcuni dei personaggi generalmente conosciuti al largo pubblico che si interessarono all'argomento.

Jung non ha mai nominato apertamente il fenomeno della reincarnazione ma ha invece parlato spesso del fenomeno della metempsicosi e della immortalità dell'anima.

Questo libro non ha lo scopo di convincere nessuno, ma semplicemente di portare alla luce quelle che sono state le mie ricerche, che ancora sono in divenire occupandomi a livello professionale di ipnosi regressiva alle vite precedenti, attività che mi permette di lavorare ogni giorno con i ricordi antichi ed inspiegabili che ascolto ogni giorno.

E così ogni giorno ascolto storie differenti che aprono certamente delle porte su un qualche cosa di profondamente misterioso che mi fa inevitabilmente riflettere, oltre che meravigliare.

Cerco anche di portare le prove che sono riuscita a trovare, aggiungendo magari qualche storia del mio vissuto, delle mie memorie oppure delle memorie delle persone che sono passate da me per ricercare chi erano prima di questa vita.

La reincarnazione non è frutto soltanto di riflessioni filosofiche o, peggio, di fantasie ma più recentemente la si ritrova anche negli studi scientifici di molti psichiatri e psicologi che hanno dedicato a queste ricerche tutta la loro vita, spesso quasi casualmente poiché i loro pazienti iniziarono a manifestare ricordi di vite precedenti in maniera spontanea e loro stessi, come medici, dovettero considerare cosa stava accadendo, ma dovettero riflettere profondamente e prendere coscienza anche del potere della guarigione profonda dopo che i loro pazienti avevano preso consapevolezza dei fatti e degli avvenimenti accaduti .

Questi dottori furono pionieri, illuminati, perché non chiusero questi ricordi nella semplice 'scatola delle fantasie', cosa che verrebbe forse spontaneo fare.

Al contrario: iniziarono un processo di ricerca che si appoggiò a migliaia e migliaia di casi, spesso includendo aree del pianeta molto distanti l'una dall'altra.

Studi fatti a regola d'arte, con uno schema rigido e preciso, ricerche che includevano un'indagine scientifica, con controlli, esami di tutto il materiale disponibile, che poteva andare da lettere a documenti, da certificati di nascita e di morte, referti a livello autoptico o ospedaliero, materiale reperibile su giornali del tempo o da racconti di persone ancora viventi e così via.

Parlerò più avanti nel dettaglio di questi dottori che spesero la vita cercando un collegamento tra questi ricordi spontanei dei loro pazienti ed un riscontro oggettivo e misurabile.
Alcuni sono contemporanei e continuano le ricerche.

Naturalmente non mancano i detrattori.

Avrete notato che in genere chi fa critica spesso non è studioso, né scienziato, né ha le competenze tecniche per poter affrontare un discorso così complesso e complicato come quello affrontato da questi professori che, ripeto, dedicarono la loro esistenza proprio allo studio in base a una indagine scientifica ed ad una ricerca fatta con tutti i crismi?

Ed infatti, ad onore di cronaca, va altresì detto che più di uno di questi professori, ma nello specifico il dottor Stevenson, smontò uno ad uno tutto ciò che veniva imputato contro la reincarnazione, studio al quale si dedicò completamente.

Tra queste teorie contro la reincarnazione troviamo la frode, addirittura la possessione diabolica, i ricordi ereditati dalla famiglia così come quelle dell'inconscio collettivo.

Stevenson dismise anche la possibilità di ESP, ovvero la percezione extrasensoriale, la capacità di percepire le cose a livello telepatico o informazioni ricevute da altre fonti che possiamo definire paranormali, così come anche la cripto amnesia, ovvero un disturbo della memoria in cui i ricordi appaiono come reali, realistici, non come fantasie ma come cose realmente vissute.

1.1 Ma cosa è veramente la reincarnazione?

Un concetto che ha affascinato, intrigato e fatto discutere tutta l'umanità attraverso i millenni, non solo attraverso i secoli come a volte erroneamente si crede, ed ancora oggi continua a stimolare la curiosità, nei tempi moderni, e' la ricerca della comprensione del significato di questo termine, che nasconde forse in fondo anche il significato della vita stessa.

I *Greci antichi* coniarono un termine per la reincarnazione, la chiamarono metempsicosi.

La metempsicosi è la trasmigrazione dell'anima.

Non so se sia corretto usare una definizione o un solo termine perché l'idea, il concetto di reincarnazione, cambia da una cultura all'altra, è flessibile, adattabile, tuttavia il principio è generalmente il medesimo.

La reincarnazione si può definire una legge di natura, per cui ogni essere vivente, dopo la morte biologica, torna nuovamente in questa vita assumendo ogni volta un corpo fisico differente.

E quindi la reincarnazione non può avvenire se non seguendo un ciclo ben preciso che si compone di *nascita, crescita, morte e rinascita.*

Ed è necessariamente ricorrente.

Una delle particolarità della reincarnazione è che spesso viene scissa dal concetto di tempo.

In altre parole, la fine di ogni ciclo fisico e biologico non è in realtà una vera conclusione, bensì un semplice passaggio per giungere a un nuovo inizio.

Questo avviene in maniera ciclica ovvero ripetuta ogni volta che si conclude il ciclo di nascita, crescita, morte, ricominciando nuovamente.

La morte e la rinascita sono viste quindi in un'ottica ben precisa ovvero quella di poter imparare delle lezioni attraverso tutte le esperienze che l'anima in un corpo materiale può sperimentare ed apprendere.

Ogni vita è sicuramente un capitolo a sé, che con gli altri capitoli, alla fine di tutte le esistenze arriverà a completare un intero libro.

Quindi, ogni vita avrà dei momenti meravigliosi, ma anche delle sfide e delle difficoltà, seguite da trionfi e, a volte, da esperienze che richiederanno ripetizioni per essere comprese ed assimilate dall'anima o risolte, se sono rappresentate da un problema.

Un po' come facciamo a scuola.

Tutto ciò che accade ogni singolo giorno contribuisce al patrimonio che arricchisce l'evoluzione dell'anima.

Con questo concetto e consapevolezza, si parte dalla prospettiva che qualsiasi cosa accada, inclusi problemi, le sofferenze e le prove, sia necessario all'anima per diventare sempre più perfetta.

Maturando nel percorso, acquista in questo modo maggior saggezza.
Esiste anche il concetto delle anime che scelgono la propria esistenza prima di nascere, solitamente con un gruppo di anime già conosciute e con le quali hanno grande affinità.

Decidono quindi la durata di questa esistenza, i ruoli, quasi fossero attori in un film, e così preparano le prove da superare.

Altre teorie asseriscono che invece la reincarnazione avvenga in maniera casuale.

Un'anima può anche decidere di non nascere, di stare nel grembo materno e poi di abbandonarlo prima di vedere la luce: anche questa si reputa una scelta dell'anima che aveva bisogno soltanto di quel momento di esperienza, per quanto breve, ed anche per dare alle anime incarnate nei corpi dei genitori un motivo per crescere a livello spirituale proprio attraverso quella specifica esperienza.

L'anima, così come le persone, del resto, non crescono né nella bambagia né con la continua approvazione delle persone che ci circondano e che approvano tutto ciò che facciamo: al contrario sono le situazioni più complicate oppure le persone che ci presentano davanti dei problemi o degli ostacoli quelle che ci fanno veramente crescere.

So che queste affermazioni possono non fare piacere a molti, ma vi chiedo di soffermarvi a pensare a quanti momenti difficili e dolorosi avete già affrontato nella vostra vita e quanto queste esperienze vi abbiano dato in cambio in termini di esperienza e di maturità, di crescita e di saggezza.

Quindi, tornando alla domanda che ci siamo posti all'inizio, la reincarnazione è l'atto dell'anima che rientra nuovamente a vivere in un altro corpo, differente da quello precedente.

Lo fa in maniera ciclica e sempre seguendo lo stesso ritmo, immutabile ed immutato che è composto da nascita, crescita, morte fisica e rinascita, e dopo un certo tempo.

L'anima, al momento della morte fisica, si distacca e quindi sopravvive.

Capitolo 2: la morte e l'anima

Viene quindi ora da domandarsi che cosa accade all'anima subito dopo la morte e prima della reincarnazione.

Ed ancora un'altra domanda: quanto tempo impiega l'anima tra una reincarnazione e l'altra?

Non c'è una risposta precisa, in realtà non lo sappiamo, non sappiamo quanto tempo passi tra una reincarnazione e l'altra.

Alcuni dicono che le reincarnazioni avvengono in tempi molto ridotti, altri invece dicono che l'anima ha bisogno di rielaborare e processare l'esperienza appena terminata prima di entrare in un nuovo corpo, trovando una sorta di equilibrio e comprendendo anche cosa ha fatto di positivo della vita appena trascorsa e cosa invece andrà corretta o bilanciata in quella che andrà a vivere nuovamente.

Potrei pensare che più l'anima è elevata, più possa passare del tempo tra le due vite, utilizzando questo spazio proprio per indulgere nella meditazione, per comprendere meglio il sentiero che sta realizzando, le virtù acquisite ed il bilanciamento del karma.

Al contrario posso supporre che un'anima meno elevata necessiti di meno tempo attraverso le due esistenze proprio perché ha meno capacità di processare gli eventi accaduti, capacità che andrà a migliorarsi di vita in vita, ed attraverso le molte esperienze.

Ma questa è soltanto una mia idea perché ad esempio durante le regressioni ipnotiche si è spesso visto che esistenze terminate prima del tempo previsto, magari per un incidente, si sono tradotte in una reincarnazione molto rapida, a volte anche dopo soli 5, 6 o sette anni.

Però, per rispondere a chi spesso mi domanda se rincontreranno i loro cari oppure se si sono già reincarnati e questo incontro così atteso non avverrà, rispondo sempre che si, ci si rincontra sempre, che l'esistenza su questo piano esistenziale in realtà per il piano animico in termini di tempo non è altro che è un battito di ciglia.

Potremmo magari saltare un ciclo di reincarnazioni, ma dall'altra parte sarà veramente un attimo ed il ritrovarsi avverrà nuovamente, con gioia, ma con una gioia che si sprigiona dal di dentro e non dal di fuori, come mi viene spesso descritto.

Questo è uno dei concetti che mi è stato spiegato durante le regressioni ipnotiche, la gioia del rincontro e' una gioia diversa da quella che conosciamo, scaturisce dall'interno, senza bisogno di cercarla all'esterno di noi, cosi come si esprime nello stesso modo la gioia nella dimensione animica, dopo il trapasso.

Questa gioia si manifesta anche quando le anime si incontrano o, meglio, si ritrovano, e poi al momento della rinascita di una delle anime di questo gruppo, che possiamo definire familiare, non c'è dispiacere o dolore perché è un passaggio naturale, che viene visto nell'ottica dell'esperienza alla quale seguira' un ritrovarsi ancora ed ancora.

Un po' come un bambino che va a scuola e al mattino lascia l'abitazione per recarsi ad incontrare la maestra ed i compagni di classe: la mamma sa che tornerà nuovamente e che, quando tornerà, avrà' imparato qualcosa di più.

Questo è ciò che accade durante questa meravigliosa danza di queste anime, che mi sono state descritte come pura energia, una energia che non si può fermare e che quindi è sempre in movimento, che assomiglia a un pochino ad una fiammella di un fiammifero quando si sta spegnendo, però capovolta.

E quando incontra un'altra anima la riconosce, non attraverso l'identità umana che è una cosa meramente transitoria, fallace, ma attraverso l'essenza stessa, ed allora a quel punto le due luci si ravvivano, diventano ancora più intense, e nel loro muoversi senza sosta diventa una danza di gioia, di felicità nel ritrovarsi in quella dimensione a noi non sconosciuta, ma semplicemente dimenticata.

Riprenderò questo passaggio nuovamente più avanti e lo contestualizzerò.

Mi è sempre stato descritto che queste fiammelle, piccolissime, di dimensioni veramente infinitesimali, nel loro movimento cercano l'avventura successiva, l'esperienza che arriverà dopo per farli crescere e migliorare, ed a volte non sanno esattamente cosa cercano ma lo avvertono chiaramente nel momento in cui ci si avvicinano.

Questo non sapere esattamente cosa si cerca e non avere un metro di giudizio risuona particolarmente possibile per le anime più giovani, che hanno iniziato il loro cammino e che quindi potrebbero non avere ancora chiaro un percorso da seguire, mentre per le anime più antiche non solo la reincarnazione avviene con tempi e tempistiche differenti ma cambia anche lo scopo con il quale si effettua la rinascita.

Questo perché a seconda dell'evoluzione sono differenti anche le esperienze che ne deriveranno e conseguentemente la vita in un corpo fisico sara' di tipo differente.

Da lì ricomincia nuovamente il ciclo della rinascita.

Le anime hanno anche un'altra capacità che è quella di scindersi.

Non solo nella fiamma gemella, che alcuni di voi sicuramente conoscono e che affronteremo approfonditamente in un altro libro, ma proprio la capacità di dividersi in moltissimi ' pezzettini' per poter affrontare più di un'esperienza di vita simultaneamente, se ne avvertono il bisogno.

È quindi possibile che la nostra anima, in questo momento, stia vivendo questa esperienza ma, contemporaneamente, anche altre in altre dimensioni, in altre linee spazio-temporali.

Non dimentichiamo anche il concetto del tempo che oggi, in questa dimensione ed a livello materiale è quello che conosciamo e che si divide in mesi, anni, giorni ed ore ma che in realtà potrebbe non esistere, rendendo tutto sullo stesso piano ed esplorabile e vivibile allo stesso momento: passato, presente e futuro che accadono simultaneamente.

Questa è una teoria molto complicata che però spiegherebbe come sia possibile, ad esempio, durante una ipnosi regressiva muoversi attraverso le vaie vite, anche molto distanti tra di loro, oppure andare avanti nel tempo, con una semplicità incredibile.

Durante l'ipnosi regressiva, infatti, la coscienza è sempre presente, non viene mai meno, al contrario è certamente *uno stato di coscienza alterato amplificato*, ovvero fornisce la capacità di poter essere particolarmente lucidi e certamente di non entrare in uno stato di mancanza di lucidita'.

È uno stato mentale particolare e la lucidità serve per potersi muovere proprio in queste 'linee spazio-temporali'.

Alcuni credono si entri in uno stato semi catatonico, dove l'ipnologo guida attraverso una serie di suggestioni e le fissa nella mente della persona ipnotizzata, _ma assolutamente non è così!_

Ciò che accade durante una regressione è un fenomeno naturale, certo, ma sempre incredibilmente affascinante.

Desidero anche citare l'ipnosi progressiva, della quale si parla molto poco, ma permette all'individuo di andare avanti nel tempo: 1000, 2000, 5000 anni ed anche di più.

È una esperienza molto particolare e, assieme all'ipnosi regressiva, fanno entrambe riflettere profondamente sul tempo, su come lo percepiamo e di quanto esso stesso possa essere semplicemente un concetto.

Per la mente in stato di ipnosi non esiste alcuna differenza tra il passato, il presente ed il futuro, essa si rifugia nei ricordi senza riflettere quando siano avvenuti o se, in accordo con le nostre credenze, debbano ancora accadere.

L'anima, priva del concetto umano del tempo, è libera di muoversi attraverso spazio-tempo differenti, sfuggendo ai vincoli dei limiti temporali imposti dalla percezione umana.

Del resto, basti pensare già oggi a quanto cambi il trascorrere del tempo in funzione della esperienza che si sta vivendo in questa dimensione, quindi il tempo, o la percezione che ne abbiamo, passerà più o meno velocemente a seconda se l'esperienza è più o meno piacevole.

Ma trascorrerà anche più lentamente quando si è giovani e più velocemente ma mano che si diventa anziani.

Se desideriamo aggiungere una domanda alle numerose che già ci poniamo riguardo al concetto della reincarnazione, potremmo chiederci: *cos'è il tempo?*

Thick Nhat Hanh , nato in Vietnam fu monaco buddista, un poeta una persona estremamente erudita, scrisse:

' *non sono mai nato e non sono mai morto* '.

Questo perché, secondo lui, il tempo non ha la forma che crediamo che abbia, non è un inizio e non è una fine, si passa soltanto in una serie di possibili manifestazioni.

La citazione di Thich Nhat riflette un principio fondamentale della visione Buddista sulla natura della vita e dell'esistenza.

L'affermazione "non sono mai nato e non sono mai morto" suggerisce l'idea della continuità e dell'interconnessione al di là del concetto lineare di nascita e morte.

Il significato è che, secondo la prospettiva Buddista, l'essenza profonda di una persona non è confinata alle limitazioni del tempo e della mortalità.

La sua natura fondamentale, spesso descritta come la 'vera natura' o 'l'essenza di Buddha,' è eterna e trascende i confini del nascere e del morire.

Questo concetto è legato alla nozione Buddista di impermanenza e alla comprensione più ampia della vita come un continuo fluire, dove le forme specifiche di nascita e morte sono solo momenti transitori in questo flusso eterno.

Il morire ed il nascere sono quindi delle semplici porte che oltrepassiamo per continuare dei viaggi, aggiungendo che:

"il corpo non deve essere un limite perché la vita è senza confini e quindi il nascere ed il morire sono un pochino come giocare a nascondino e quindi ci si prende la mano, ci si saluta e poi domani ci si ritrova, in ogni forma di vita."

(da 'il canto del cuore' Thich Nhat Hanh)

Un'altra domanda che mi viene rivolta spesso è inerente alla forma del corpo fisico, come rinasceremo?

Siamo stati animali oppure piante?

La mia attività è certamente peculiare, assolutamente interessante e per me è una scoperta ogni singolo giorno perché ogni ipnosi diventa un viaggio differente, in un'epoca ed in un luogo differente, così come diverso è l'aspetto fisico che si può incontrare in ogni racconto.

Per la mia esperienza, per quello che ho potuto notare, prendere nota e quindi schedare, si passa attraverso tutte le forme.

Ho avuto una persona che mi ha descritto come ci si sente ad essere una goccia d'acqua all'interno di una nuvola e le sensazioni nel cambiare colore al tramonto.

Ho avuto un'altra persona che ha avuto inizialmente difficoltà a capire la sua forma, salvo comprendere che faceva parte di una montagna ed il suo sentire, molto contenuto e semplice, era quello di una roccia.

C'è stato l'albero, che sentiva la pioggia, le foglie staccarsi dei rami in autunno, gli uccellini posarsi sui rami, così come l'acqua entrare dalle radici e rinfrescarne la linfa.

Mi è stato raccontato che le piante si parlano tra di loro, comunicano, anche se chiaramente lo fanno in una maniera differente dalla nostra, però sono capaci di avere una forma di contatto.

Sentono: sentono il sole, la pioggia, la sete, ciò che li circonda e sono connessi con le altre forme di vita attraverso una rete molto sottile, sottoterra, che potrebbe essere paragonata al nostro internet ed attraverso la quale si scambiano informazioni, si avvisano di malattie e possono anche aiutarsi.

Sono connesse attraverso filamenti sotto la superficie del terreno, appunto quasi come una rete di connessioni, trasmettendosi 'notizie'.

Queste ultime righe, che magari hanno fatto sorridere qualcuno nel leggerle, in realtà stanno diventando una realtà nel mondo scientifico.

Durante la regressione questa particolarità mi è stata raccontata nel dettaglio da diverse persone molto tempo fa e ribadita anche di recente, da tutti coloro che hanno fatto l'esperienza di essere stati una pianta.

Sul mio divano ci sono stati esseri marini, pesci, coralli, orche che hanno descritto il senso di libertà nel nuotare, nel giocare, cercando di spiegare il loro sentire e la forma in quella vita antica.

Ci sono stati cavalli, aquile, scoiattoli, orsi ed una quantità incredibile di animali, e tutti hanno espresso la loro condizione.

Ad esempio, il ricordo dell'aquila nel planare, nel sentire il vento tra le piume, nel prendere con le zampe un piccolo serpente per poi perderlo durante il volo ma senza rammarico, semplicemente come parte naturale degli eventi e delle cose.

La libertà nella corsa di un cavallo, nel sentirsi libero, potente, senza limiti.

Di poter correre ogni volta che ne aveva voglia, di sdraiarsi e ruzzolarsi oppure semplicemente di guardarsi intorno.

Forme di vita di questo pianeta e forme di vita di pianeti che non conosciamo, in corpi differenti, in forme di vita che a volte erano simili alle nostre pietre e non potevano muoversi e quindi descrivevano questi mondi, alcuni molto colorati, altri nelle sole tonalità del colore grigio, tante sfumature di grigio.

Altre vite si sono manifestate come di passaggio nello spazio a bordo di quello che noi oggi chiameremo una navicella spaziale, descrivendo quello che si vedeva da dentro a fuori, da una specie di oblò.

Passeggeri in viaggio.

La reincarnazione, quindi, non comprende soltanto questa dimensione ma tutte quelle dimensioni a noi ancora sconosciute, che però servono all'anima per scoprire situazioni, cose, emozioni che non è possibile vivere nella dimensione dell'anima dove non esiste ad esempio la dualità.

Non sappiamo l'anima quale tipo di esperienza faccia in altre dimensioni perché non le conosciamo: noi abbiamo contezza solo di forma e di questo stato della materia e abbiamo consapevolezza della dualità, ma non sappiamo in altre dimensioni quali altre prove l'anima possa affrontare, quali altre cose possa scoprire oltre alle emozioni, a queste forme, ad una certa modalità di pensiero oltre appunto alla dualità.

Non possiamo neanche immaginarlo nella nostra mente, che è limitata ai nostri cinque sensi e dalla conoscenza delle forme che si ferma obbligatoriamente a ciò che conosciamo su questo pianeta e che vediamo da sempre.

Quindi immaginiamo quale bagaglio di conoscenze l'anima si porta dietro, che non ricordiamo, e che ad ogni vita aggiunge un tas

Capitolo 3: rinascita o reincarnazione? Ed il karma?

Reincarnazione e rinascita sono la stessa cosa?

Dipende da che parte guardiamo la stessa cosa: per i Buddisti non ci si reincarna ma si rinasce.

Partiamo a raccontare i vari punti di vista dal buddismo, ricordando che esistono molte scuole che si sono formate con il passare del tempo, creando delle 'correnti di pensiero'.

Quindi il discorso che seguirà deve necessariamente risultare generico e magari non adattabile a tutte le scuole Buddiste.

Iniziando dal concetto che esiste il 'principio cosciente' ovvero la consapevolezza di ciò che sarà la nuova vita e che quindi non un qualcosa di passivo, *non una semplice migrazione casuale.*

Questo dà un senso al percorso dell'anima, ovvero *la rinascita funzionale ad un qualche cosa, ad una serie di esperienze.*

Con il principio cosciente ecco che verrà con noi, seguendoci, anche una informazione chiamata *karma,* ovvero una traccia che contiene tutto ciò che è successo in tutte le nostre vite già trascorse.

Io personalmente non so se il karma "sia già" dentro un pezzettino del nostro DNA, con lo studio dell'epigenetica e del RNA:

in questo contesto infatti ci possiamo addentrare un pochettino di più cercando di capire come possiamo inserire RNA ed epigenetica nel contesto di questo libro.

L'RNA, acido ribonucleico, ha un ruolo essenziale nel trasferimento delle informazioni genetiche del nostro DNA, in questo modo avviene un modellamento del nostro patrimonio genetico.

Parallelamente l'epigenetica si occupa di esplorare le modifiche a livello chimico che possono influenzare proprio l'espressione dei geni, andando oltre alla sequenza del DNA.

Ne deriva quindi che esistono molte teorie, alcune delle quali particolarmente intriganti ed interessanti, che suggeriscono che alcune esperienze vissute precedentemente, possono avere come 'marcato', segnato, con un'impronta che potremmo definire 'come quella di un ricordo' ed essersi poi inserita all'interno della struttura del DNA e quindi essersi trasferita con esso.

Quindi ne deriva che se questa prospettiva è valida, potrebbe aprire una porta importante a quelle possibilità che considerano i ricordi delle vite passate come incisi all'interno di noi stessi, in questo caso proprio nei nostri geni, arrivando così a manifestarsi attraverso l'RNA.

Gli studi sono sempre aperti, non si è arrivati ad oggi ad una conclusione, la scienza fa continuamente dei progressi sia per quanto riguarda l'epigenetica che la comprensione più profonda dell'RNA, e senz'altro sarà interessante ed affascinante vederne gli sviluppi.

Un'altra teoria interessante è quella dell'inconscio collettivo di Carl Gustav Jung, ovvero un serbatoio di conoscenze e simboli condivisi che influenzano i comportamenti umani.

Nel contesto della reincarnazione è molto interessante perché' si potrebbe prendere in considerazione la possibilità che le memorie e le esperienze che vengono accumulate dall'individuo durante le vite possano avere lasciato una impronta simbolica e che essa influisca nel nostro processo evolutivo.

Entrambe le teorie non escludono la possibilità che anche il karma possa essere trasferito in questi modi.

Questo spiegherebbe anche perché' alcune persone si sentono attratte ad esempio da simboli, luoghi, abbiano familiarità a fare certe cose quali ad esempio imparare la lingua, suonare strumenti e così via.

Dove si trovi in effetti il karma è ancora un grande dibattito e neanche la Scienza lo ha ancora appurato ma, secondo i Buddisti, ha dentro di sé tutte le nostre azioni, di tutte le vite e, fa parte di noi, seguendoci in ogni esistenza, ed in ogni vita abbiamo la possibilità di bilanciarlo, ovvero di correggere eventuali errori fatti nella vita precedente.

Il nostro karma appartiene a noi e ci seguirà in tutte le vite, *non è scambiabile con quello di altre persone.*

In questo contesto *il karma semplicemente è,* perché già esiste ed ha un ruolo importante in ogni nostra esistenza.

Oggi si sente quindi molto parlare di karma, anche al di fuori dal buddismo, ma che cos'è?

Si può spiegare più nei dettagli?

Una spiegazione semplice è quella del concetto di causa-effetto, però in realtà è molto di più.

Il karma inteso in questo senso è una maniera quasi banale che viene utilizzata in Occidente per spiegare questo complesso concetto.

In realtà è un qualcosa di antichissimo, e se ben compreso può avere degli effetti incredibili sulla nostra vita, in tutti gli aspetti della nostra esistenza, cominciando dalla consapevolezza che possiamo già vedere il nostro futuro analizzando il nostro presente.

Come?

Oggi poniamo i semi di quello che raccoglieremo domani, quindi dovremmo cancellare dalla nostra vita il concetto di sovrannaturale, super poteri, divino o di tutto ciò che possa avere un'influenza nella nostra vita perché in realtà quello che ci insegna il karma e che raccoglieremo esattamente quello che stiamo seminando.

Noi, nessun altro.

Proprio come il presente non è altro che il raccolto di quello che è stato seminato nel passato.

La vita è nelle nostre mani e noi ne siamo responsabili e creatori.

Non esistono colpe di qualcuno esterno se le cose non vanno come vorremmo.

Intanto la parola karma significa ovviamente *azione compiuta*: non potrebbe esserci causa-effetto se l'azione fosse sospesa o da compiere.

Quindi, il karma entra in gioco quando il pensiero o l'azione sono giunti a conclusione e si sono consolidati.

Ma non finisce qui; facciamo un piccolo esempio.

Fermiamoci a riflettere su un'azione compiuta, poiché ogni azione ha sempre delle conseguenze.

Ad esempio, se non mi allaccio le scarpe, finirò per inciamparmi e cadere a terra.

Analogamente, se tiro il freno a mano, la macchina non si muoverà, evitando collisioni con le automobili parcheggiate di fronte in caso non inserissi la marcia.

Questo è evidente già nei piccoli gesti quotidiani e nelle azioni semplici ma si applica anche alle esperienze più ampie, quelle che riguardano l'anima.

Ampliando il concetto ed osservandolo nelle azioni in generale, diventa chiaro che le azioni negative avranno ripercussioni negative nella nostra vita, sia attuale che futura.

Al contrario, le azioni positive porteranno ad altre azioni positive, influenzando positivamente questa o le future esistenze.

Noi siamo completamente liberi di agire e di costruire questa nostra vita oggi essendo consapevoli che però sarà il trampolino di lancio per le prossime.

Quindi ogni nostra azione in questa vita avrà un impatto su ciò che ci accadrà dopo, dovendo bilanciare le conseguenze delle nostre azioni.

Il karma non è una punizione, in realtà non è né negativo né positivo, ha un'accezione neutra: dice semplicemente che con la regola della causa effetto ciò che facciamo oggi lo riceveremo domani.

In sostanza il karma, nella filosofia Buddista ed Induista, non è inteso come una punizione divina, come invece è più facile trovare nelle religioni occidentali, bensì è una legge di causa ed effetto: ciò che ci accade nella vita non è frutto di una punizione divina...

Quante volte abbiamo detto oppure sentito dire "cosa avrò mai fatto di male nelle vite precedenti?" ... ecco, non una punizione dal cielo ma il raccolto che arriva come conseguenza per qualche azione compiuta e/o il suo bilanciamento.

La legge di causa ed effetto è un principio filosofico e scientifico che stabilisce che ogni evento è causato da un evento precedente e, a sua volta, causa un evento successivo.

Quindi ogni causa ha un effetto, e ogni effetto ha una causa.

Questo principio è fondamentale in molte discipline, tra cui la filosofia, la scienza, la fisica, e le tradizioni spirituali.

Nella filosofia orientale, la legge di causa ed effetto è centrale per comprendere come le azioni influenzino il destino e il percorso di un individuo attraverso le reincarnazioni o le successive vite.

In ambito scientifico, la legge di causa ed effetto è una base essenziale per comprendere i fenomeni naturali e viene spesso espressa attraverso principi come la conservazione dell'energia o le leggi del moto di Newton (la terza legge del moto di Newton – ciascuna azione porta a una reazione).

La legge di causa ed effetto è un principio che sottolinea la connessione tra eventi, sostenendo che ogni azione o evento ha delle conseguenze che si manifestano attraverso un effetto successivo.

Nel nostro caso, ai fini della reincarnazione. indica che ciò che facciamo oggi avrà delle conseguenze domani.

Già da questo concetto si capisce che le esperienze che passano attraverso di noi ritorneranno a noi, ma proprio in funzione di vivere l'esperienza in se stessa, non per essere puniti.

E ne consegue che la vita non accade da sola, che gli eventi non accadono magicamente, ma siamo noi che li determiniamo.

Nulla arriverà a noi per via divina, al contrario:

noi siamo il terreno fertile affinché i semi che piantiamo possano corrispondere il più possibile a ciò che desideriamo, perché tutti noi meritiamo la felicità.

Sempre secondo il buddhismo se rifiutiamo di affrontare qualche cosa, questo 'qualche cosa' tornerà nuovamente a noi perché deve essere vissuto, compreso ed accettato, non rifiutato.

Siamo noi che dobbiamo migliorare, solo noi, non il mondo intorno a noi!

Il mondo intorno a noi cambierà poi, come conseguenza ai nostri cambiamenti.

Potrei continuare dicendo che, se qualcosa nella nostra vita non va come deve, spesso le cause sono dentro di noi e non fuori.

Dovremmo fermarci un momento a riflettere, a riflettere sul perché le cose non vanno come vorremmo e su che cosa potremmo cambiare di noi stessi per farsi che le cose inizino ad andare diversamente e nel modo che desideriamo noi.

E proseguendo sempre con il Buddhismo ogni cosa va fatta per gradi perché ogni passo porta a quello successivo e bisogna concentrarsi su una sola cosa alla volta, guardando al presente e non al passato perché il passato spesso ci impedisce di vivere il presente.

Il passato è già nel nostro presente e si manifesta ogni giorno.

Quando avremo messo in pratica queste regole, in accordo con questa filosofia, saremo ricompensati dal karma, chiaramente dopo un duro lavoro, perché il karma non punisce e non premia come ormai sappiamo, ma semplicemente restituisce un'esperienza ed anche la lezione che si è imparato attraverso di essa.

Quindi anche ai fini della reincarnazione noi siamo i fautori del nostro destino, anche se molto spesso è più facile dare la colpa all'esterno che non accettare le nostre responsabilità: compiendo azioni positive il nostro karma ci porterà delle cose positive.

La comprensione di questo concetto può già, da solo, cambiare la vita.

Ma la reincarnazione non è un salvadanaio nel quale io compio azioni positive per risparmiare e ritrovarmi pieno di azioni positive raddoppiate, non metto delle monetine in banca aspettando di ricevere gli interessi, il karma non è questo.

Il karma non si compra con false azioni buone.

Al contrario quello che si dovrà fare in realtà è molto più profondo: è lavorare su sé stessi.

E arrivare alla consapevolezza di ciò che siamo, accettando quello che è stato e quello che abbiamo fatto nel nostro passato, arrivando a comprendere le nostre responsabilità e farcene carico, superando la paura che spesso ci prende quando vogliamo guardarci dentro.

E comprendere che meritiamo tutti di essere felici e quindi se ci comportiamo in maniera degna in questa vita vivremo una vita degna, ed anche il rispetto e le buone azioni, per quanto piccole, rivolte gli altri fanno parte di questa nostra crescita.

Nella sincerità.

Quindi si capisce bene come per il Buddista ogni azione che si compie nella vita è volta sia all'interno di sé stessi per imparare ad amarsi ed a crescere, ma anche all'esterno con atti verso gli altri.

"Problemi o successi, tutti sono risultati delle nostre stesse azioni: il Karma.

Lo stesso karma, le stesse azioni sono responsabili di portare felicità, successo, o qualsiasi altra cosa"

Maharishi Mahesh Yogi

Capitolo 4: filosofie e religioni sulla reincarnazione

Quindi che cosa si reincarna?

È una sfera, una luce, oppure un brillio, o un pulviscolo cosciente?

Usare questi termini toglie un po' di sacralità all'esperienza, all'anima stessa, cioè colei che veramente si reincarna, e a tutte le esperienze che ha accumulato nelle tante vite.

La fame di verità e di ricerca esiste da sempre fin dai tempi più antichi.

Religiosi o non religiosi, il concetto dell'anima è sempre stato oggetto di grande curiosità, ricerca e dibattito, includendo tutti.

Basti pensare a quelle tribù che attraverso un sacrificio offrivano l'anima oppure attraverso un rito la toglievano.

I cacciatori di teste di certe tribù, come ad esempio in Indonesia, appropriandosi delle teste negavano all'anima di passare nell'aldilà.

O al voodoo haitiano, dove lo zombie è un contenitore senza anima.

Oppure pensate a quante anime sono state vendute con rituali al Demonio in cambio di qualcosa, il famoso patto di sangue.

Avere un'anima significa infatti poter utilizzare quella capacità importantissima che possiede una parte di ciascuno di noi, non ben determinata o localizzata ad oggi, di continuare a contenere il 'se'.

Quindi permette di continuare ad esistere, seppure senza la identità sociale che, senza un corpo, diventa ininfluente.

Andiamo indietro nel tempo, prima dei Greci, considerati i padri della metempsicosi.

Andiamo a vedere il Concetto della Reincarnazione **nell'Antico Egitto**

La reincarnazione al tempo degli antichi egizi è conflittuale, in accordo agli studi e le ricerche che ho fatto, non se ne sa molto ed i documenti sono pochi.

Sappiamo che il Faraone era una divinità e si reincarnava scegliendo luogo e corpo.

Dinastie di faraoni, si sono susseguite, e sempre dalla stessa anima, che si ritrovava così a capo del suo popolo in una sorta di continuità.

Esistenza dopo esistenza.

Si parla di Ka, che vedremo in seguito, e questa parola, inserita nei nomi di molti faraoni, creò un collegamento con il loro ritorno, vita dopo vita.

La parola "ka" infatti è più associata al concetto di "doppio" o "spirito" (anima) nella cultura Egizia, ed appare spesso nei nomi dei faraoni come parte del loro titolo regale.

Ma il popolo?

La religione egizia era molto complessa ed intricata ed includeva molti rituali ed era un'importante pratica sociale che univa tutti gli Egiziani, offrendo capacità a molti di loro di aiutare le anime nel passaggio, da chi compieva riti per aiutare l'anima a trovare la strada, a chi aiutava a superare le mille insidie del dopo morte ed a chi si occupava invece del corpo umano e della sua conservazione, per il giusto rango sociale.

Le dottrine religiose Egiziane includevano tre ideologie dell'aldilà: *fede in un mondo sotterraneo, vita eterna e rinascita dell'anima.*

Quest'ultima è messa in dubbio dalla scarsità di materiale ritrovato, ma può darsi che, come per le culture celte, i druidi o per gli antichi romani, questi concetti fossero solo per gli iniziati e quindi per questo motivo si comprenderebbe il motivo dei pochi ritrovamenti.

Ci pensò Erodoto a spiegarlo e citò proprio il fenomeno della metempsicosi come una credenza che dagli antichi egizi si trasmise in Grecia.

Gli storici la rifiutarono dicendo che Erodoto era troppo influenzato da questa popolazione e che quindi non era da ritenersi attendibile.

Invece c'è motivo di credere che abbia avuto ragione ed infatti esiste una traccia ben chiara nel papiro scritto *dallo scriba Anana*: lo vedremo a breve.

La reincarnazione costituiva quindi un aspetto probabilmente fondamentale delle credenze dell'antico Egitto.

Gli Egizi abbracciavano con fermezza la natura ciclica della vita e della morte, credendo nell'opportunità per l'anima di rinascere.

Secondo le loro dottrine religiose, le anime potevano essere reincarnate più volte, consentendo una crescita continua ed un'evoluzione spirituale.

Nella società dell'antico Egitto, vivere virtuosamente e seguire gli insegnamenti religiosi era di cruciale importanza poiché garantiva alle persone la possibilità di rinascere.

Il processo di rinascita spesso coinvolgeva il ritorno al dio Osiride, il quale aveva un ruolo significativo nel giudicare l'anima e concedere l'accesso all'aldilà.

Questa fede nella reincarnazione svolgeva il ruolo di un faro di speranza per una vita continua e l'opportunità di redenzione.

Offriva conforto agli Egizi, poiché sapevano che le loro azioni nella vita avrebbero plasmato le loro vite future, incoraggiandoli a cercare la crescita spirituale.

Gli antichi egizi, quindi, probabilmente nutrivano una profonda convinzione nella rinascita e nell'eterna natura dell'anima.

Credevano forse che azioni giuste durante la loro esistenza terrena avrebbero potuto aprire la strada per un aldilà favorevole ed una successiva rinascita.

L'obiettivo era ascendere al regno degli Dei, raggiungendo l'immortalità e lo sviluppo spirituale continuo attraverso cicli costanti di vita, morte e rinascita.

La rinascita era intrecciata al concetto di *ma'at*, che rappresentava l'ordine divino e l'armonia nell'universo.

Vivendo in accordo con ma'at, gli individui si garantivano un percorso più agevole attraverso l'aldilà e una maggiore probabilità di rinascere in un'esistenza migliore.

Gli Egizi vedevano la rinascita come

un'opportunità per la crescita personale e il perfezionamento spirituale.

Consentiva infatti agli individui di correggere errori passati e aspirare alla perfezione.

Attraverso la reincarnazione, credevano di poter raggiungere l'obiettivo supremo di fondersi con il divino e conseguire la beatitudine eterna.

La loro presunta forte convinzione nel ciclo della rinascita plasmava la loro intera visione del mondo ed influenzava vari aspetti della loro cultura, comprese le pratiche funerarie, i rituali religiosi e la costruzione di tombe elaborate.

La società Egizia aveva dei concetti molto complessi, ad esempio prevedevano la divisione dell'anima in nove parti: *Khat, Ba, Ren, Ka, Shuyet, Jb, Akh, Sahu e Sechem.*

Ne analizzeremo due, il *Ba e l'Akh.*

Il **Ba** è forse quanto di più vicino avevano gli antichi egizi alle idee moderne sull'anima e veniva rappresentato come un uccello con testa umana.

Pensavano che potesse muoversi liberamente anche quando la persona era ancora in vita e che avesse la capacità di viaggiare nel mondo dell'oltre e che si sarebbe sviluppata appieno solo dopo la morte.

A questo punto l'anima / Ba avrebbe potuto tornare sulla terra per visitare i luoghi cari, un po' come i nostri fantasmi.

Il Ba costituiva tutti gli elementi di una persona che la rendevano unica.

L'**Akh** invece era una combinazione magica degli elementi Ba e Ka che rappresentavano *l'essere immortale illuminato dopo la morte.*

Questa magica unificazione di Ba e Ka sarebbe possibile solo se i corretti riti funebri fossero eseguiti dopo la morte.

L'Akh viveva tra le stelle con gli dèi, *anche se occasionalmente ritornava nel corpo,* se necessario.

Era una rappresentazione dell'intelletto, della volontà e delle intenzioni di una persona.

L'Akh era anche l'aspetto dell'anima che poteva riconnettersi attraverso i propri cari apparendo loro nei loro sogni.

C'erano numerosi modi in cui gli Egiziani potevano assicurarsi il loro destino.

Molte delle azioni intraprese dagli antichi egizi dopo la morte dovevano influenzare la decisione del Dio di consentire un'altra vita.

Dopo il giudizio, si pensava che le entità tornassero nel grembo della Dea Madre.

Durante questa fase, l'anima incontrava il suo corpo precedente che veniva ripristinato.

A dimostrazione, nel Libro dei Morti c'è una serie di versi che recitano così:

"Unisco le tue membra, tengo insieme le tue secrezioni, circondo la tua carne, scaccio i fluidi della tua putrefazione, spazzo via il tuo bw, ti asciugo le lacrime, guarisco tutte le tue membra, l'una unita all'altra; ti circondo con l'opera della dea della tessitura, ti completo e ti formo come Re."

La serie di versi continua asserendo che

"l'essere nudo si avvicina alla Dea ed entra nel suo grembo come suo figlio."

Per fare un confronto, questo dogma è profondamente legato alla nascita del Dio del sole Ra, che entra nel grembo della dea ogni notte e rinasce al sorgere del sole.

Il rapporto di Ra con l'aldilà è molto connesso attraverso le componenti religiose che giustificano il sorgere e il tramontare del sole.

"Prima della nascita, il bambino viveva, e la morte non è la fine.

La vita è un evento che passa come il giorno solare che rinasce."

In definitiva, l'immortalità desiderata dagli antichi egizi si rifletteva in vite infinite?

Compiendo azioni degne nella loro vita attuale, sarebbe stata loro concessa una seconda vita per tutta l'eternità?

Ed eccoci al papiro *di Anana*.

Il passaggio riflette i concetti filosofici della reincarnazione, della natura eterna dell'anima e dell'interconnessione delle vite.

Suggerisce che la vita è un ciclo continuo, con l'anima che perdura attraverso molteplici incarnazioni.

L'idea che l'amore sia, o possa essere, l'essenza della vita, persistendo oltre la morte, aggiunge una dimensione spirituale alla narrazione.

Il testo tocca anche la diversità delle credenze religiose e l'idea che percorsi differenti possano condurre a una verità universale.

Erodoto cita gli Egizi e la reincarnazione, e fu detto che non fu vero, che Erodoto ammirava semplicemente questa civiltà, come abbiamo visto poco fa.

Invece questo papiro pare smentire questa tesi sostenendo che Erodoto poteva essere nel vero, avesse ragione ed avesse riportato dei versi che, dopo lunghe ricerche, ho ritrovato, eccoli:

Questo è il Papiro di Anana.

Anana era capo scriba e fedele servitore del re Jentle Leti II intorno al 1320 a.C.

Ecco, quindi, parole che risuonano da oltre 3000 anni.

Scrisse:

"Ecco!

Non è scritto in questo rotolo?

Leggete, voi che troverete nei giorni non nati, se i vostri dèi vi hanno dato l'abilità.

Leggete, o figli del futuro, de imparare i segreti del passato, che per voi è così lontano, eppure, in verità, così vicino."

"Gli uomini non vivono una sola volta e poi se ne vanno per sempre; vivono molte volte in molti luoghi, anche se non sempre in questo mondo.

Tra ogni vita c'è un velo di oscurità...

Le porte si apriranno infine e ci mostreranno tutte le stanze attraverso cui i nostri piedi hanno vagato fin dall'inizio.

L'uomo prende vita più volte, lo ricorda in sogno o tramite qualche evento legato ad un'altra vita

La nostra religione ci insegna che viviamo eternamente.

Ora, l'eternità non avendo fine, non può avere avuto inizio: è un cerchio; quindi, se una cosa è vera, cioè che viviamo per sempre, sembrerebbe che anche l'altra debba essere vera: cioè, che abbiamo sempre vissuto.

Eppure tutti sbagliano, perché tutti sono veri.

Lo spirito non dovrebbe essere giudicato dal corpo né il dio dalla sua dimora.

Tutti gli dèi inviano il loro dono d'amore su questa terra, senza il quale cesserebbe di esistere.

La mia fede mi insegna forse più chiaramente della tua che la vita non termina con la morte, e quindi che l'amore, essendo l'anima della vita, deve perdurare finché essa perdura.

La forza del legame invisibile legherà due anime insieme molto dopo che il mondo sarà morto.

Gli spiriti o le anime di un'incarnazione potrebbero forse incontrarsi di nuovo in un'altra incarnazione e potrebbero essere attratti insieme come da una calamita, ma per quale motivo nessuno sa.

L'uomo viene in essere molte volte, ma non sa nulla delle sue vite passate; tranne occasionalmente un sogno ad occhi aperti o un pensiero lo riporta a qualche circostanza di un'incarnazione precedente.

Tuttavia, non può determinare nella sua mente quando o dove sia avvenuta la circostanza, solo che è qualcosa di familiare.

Alla fine, però, tutti i suoi vari passati si riveleranno. "

Sommo Sacerdote Anana

Qui si cita l'uomo in generale, non solo il Faraone, la reincarnazione era quindi parte naturale per tutti della conseguenza della morte?

Lascio a voi la riflessione perché, dopo tutti questi millenni, gli antichi egizi hanno lasciato ancora tante domande irrisolte ed il loro fascino è perpetuamente immutato.

Quindi il concetto di reincarnazione è molto antico, molto più antico del cristianesimo primitivo, forse ancora più antico degli antichi egizi.

Lo ritroviamo nelle Sacre Scritture di varie religioni dell'India, nei Veda, e parliamo di un periodo superiore a 3100 anni prima della nascita di Cristo

Nei Veda si trova scritto:

' c'è una parte dell'uomo che è immortale, che quella, l'Agni che deve scaldarsi con i tuoi raggi, accendersi con i tuoi fuochi. Da dove viene l'anima? Alcuni vengono da noi e partono di qui, altri partono e ritornano'

(Leon Denis - Dopo la morte)

Sempre Denis, poeta dello spiritismo, disse che l'anima immortale deve pagare per tutto ciò che ha seminato e raccolto, essendo essa stessa il responsabile del suo futuro.

Tuttavia, dopo aver fortemente offuscato la sua coscienza, convertendola in un covo del male, dovrà risorgere e trasfigurarlo in un tempio di luce.

Tuttavia dobbiamo risalire alle forme scritte per avere delle prove; quindi, se sia esistita una forma di credenza nella sopravvivenza dell'anima antecedente alla scrittura, purtroppo non è mai arrivata noi.

Nella Bhagavad Gita si legge:

'io ho avuto molte nascite ed anche tu'.

Oppure ancora:

proprio come una creatura si spoglia dei vecchi vestiti per indossarne di nuovi così l'anima rifiuta questo corpo per prenderne un altro.

Dalle Upanishad:

nel grembo materno l'uomo ottiene il corpo, buono o cattivo che sia.

L'anima è il seme di tutti gli esseri ed è attraverso l'anima che esistono le creature.

*Proprio come il ferro viene fuso per essere modellato,
l'anima entra nel feto.*

*Tutto ciò che è stato fatto in un corpo precedente
deve, senza dubbio, essere goduto o sofferto.*

Zoroastro o Zaratustra, vissuto in Persia circa
600 o 700 anni prima di Cristo, dice che le
prove espiatorie finalizzate alla redenzione
funzionano in questo modo:

*"Coloro che soffrono dolore e afflizione, soffrono a
causa delle loro parole e azioni compiute in un corpo
precedente, per il quale il Sommo Giusto ora le
punisce"*

8 Ibid., pag. 26

Al tempo in cui visse Gesù gli Ebrei credevano
nel ritorno dello spirito all'interno della materia,
anche Allan Kardec lo cita nel suo secondo
vangelo degli spiriti, dicendo che gli Ebrei
credevano che un uomo che era vissuto potesse
rinascere, pur senza sapere esattamente come
potesse svolgersi questo evento.

La resurrezione parte, infatti, dall'idea di riportare in vita il corpo quando è già morto, cosa che la scienza dimostra essere materialmente impossibile, soprattutto quando gli elementi di quel corpo sono stati dispersi ed assorbiti per lungo, lungo tempo.

Cosa è la reincarnazione per **l'induismo**?

L'induismo è un'altra religione molto antica che desiderava conoscere i misteri della vita così come quelli della morte.

Cosa capita quando si muore?

Perché alcune persone hanno una vita molto felice mentre per altri invece si svolge nella piena sofferenza?

Ecco quindi che gli dei rivelarono le leggi del karma e quelle della reincarnazione, che divennero quindi le parti centrali dell'induismo e racchiudono la visione della vita come della morte ma anche dell'immortalità e quindi tutti gli indù sanno che avranno più di una vita e che per ogni vita ne riceveranno i risultati in base a ciò che è stato fatto nel passato, costruendo oggi la vita che si prospetterà in futuro.

Abbiamo già visto in precedenza che il karma è una legge di azione ed effetto, con l'anima che porta con sé tutte le memorie che ha ricevuto durante le vite terrene.

Il karma non è il destino, come taluni credono erroneamente, perché ciascuno di noi ha il libero arbitrio ed è proprio questo libro arbitrio che ci può fare prendere molte strade e molte decisioni diverse.

A livello esoterico quindi il karma si riferisce alla totalità delle nostre azioni e delle reazioni che ne sono derivate in tutte le nostre vite passate; tutto questo determinerà il nostro futuro.

Quindi se noi procuriamo un dolore ad un altro essere vivente, fisico, emotivo oppure mentale, rifaremo la stessa esperienza, che sia in questa esistenza oppure in una delle future.

Ecco perché secondo gli induisti anche le buone

persone soffrono, perché hanno qualche azione che deve essere sperimentata in prima persona, dopo averla fatta provare nel passato a qualcuno.

Ma il karma funziona anche al contrario, ecco perché è importante fare del bene perché il bene verrà restituito in un altro modo.

Quindi potremmo dire che l'anima raccoglie i frutti delle proprie azioni, se amiamo saremo amati, se daremo riceveremo, se facciamo provare gli altri dolori anche noi dovremmo provare la sofferenza.

È una legge naturale, che rappresenta ciò che si semina: se ne raccoglierà il frutto.

Per gli induisti ciò è saggio perche' conoscendo la propria vita si può quindi anticipare il risultato delle azioni; perché essi sanno appunto che ad azione c'è sempre una conseguenza ed allora pensano alla reazione prima di iniziare ed attivare un'azione.

Sanno anche che le reazioni non sono necessariamente immediate e quindi il karma può anche essere auto inflitto, cioè si può fare penitenza e bilanciare quindi in questo modo il karma.

Anche secondo gli induisti la morte non è la fine di ogni cosa ma l'anima per potersi perfezionare a livello spirituale e quindi evolversi, deve tornare a vivere nuovamente, in un corpo o in una forma differente.

Quindi la parte astrale ritorna nuovamente in un corpo fisico, molte e molte volte.

Questa serie di cicli è conosciuta come *Samsara*, con l'anima che passa da un corpo fisico ad un altro, ed ecco quindi il concetto di reincarnazione per gli induisti.

La morte per loro non è spaventosa, non fa paura perché è una metamorfosi, come una farfalla che prima deve essere bruco, e quindi rappresenta soltanto una trasformazione, trasformazione che sarà seguita da un miglioramento, da una differente libertà di continuare il nostro cammino.

La morte quindi come la vita, come la nascita, un fenomeno naturale ed un passaggio che gli induisti non temono e non aspettano con ansia, sanno semplicemente che l'anima è eterna.

Hanno il concetto di suicidio che porterà a reincarnazioni rapide e richiederà anche diverse vite affinché l'anima possa tornare al punto evolutivo del momento in cui ci si è tolti la vita, momento in cui c'erano sicuramente delle situazioni che non sono state né affrontate, né risolte e che andranno affrontate con la nuova rinascita.

Per gli induisti la reincarnazione non continua per sempre ma ogni volta che si entra in un corpo nuovo e si fa l'esperienza della vita materiale e terrena, ci si avvicina sempre di più a quello che sarà la perfezione, tenendo conto di non creare altri karma negativi e dolorosi.

Quindi dopo una serie di vite vissute in maniera eccellente non servirà più reincarnarsi perché l'anima è sufficientemente matura e la sua crescita continuerà non più sul piano materiale fisico ma sui piani della coscienza, l'anima viene quindi liberata dal ciclo di nascite e morti, non più *Samsara* ma *Moksha*.

Quindi per gli induisti lo scopo della vita non è quello di diventare particolarmente ricchi, famosi, potenti, di avere vestiti particolarmente lussuosi, nell'attaccamento ai beni materiali bensì vivere questa dimensione conoscendo, amando ed imparando, ma anche pensando, parlando ed agendo, fino a quando il karma sarà riequilibrato, si sarà diventati saggi e maturi, tutte le lezioni saranno state finalmente apprese il karma sarà stato soddisfatto.

In maniera naturale quell'anima sarà quindi libera dai cicli terreni di questo pianeta per fondersi quindi a livello animico con altre dimensioni ed in altre dimensioni.

Sostengono che non ci si può togliere il dolore raccontandolo, mentre invece il dolore scomparirà in maniera naturale nel momento in cui si inizierà ad essere onesti, compassionevoli, buoni.

Il sapere che il corpo è soltanto un contenitore aiuta gli induisti a vivere la loro vita in una maniera molto più serena, pacifica sì sicura perché sono consapevoli che esisteranno altre esperienze di vita e molte altre opportunità per apprendere: nell'Induismo non esiste il concetto di dannazione eterna, nessuno è dannato, ed anche chi in questa vita inizia commettendo il male può sempre cambiare il suo modo di vivere e trasformarlo nel bene.

L'induismo è molto ampio, ha una visione molto estesa, e c'è veramente posto per tutti, non chiede a nessuno di essere perfetto perché la perfezione verrà con il tempo.

Induismo contiene dentro di sé moltissime cose ed è molto profonda: troviamo i templi, le divinità, le conoscenze a livello esoterico e di coscienza, la meditazione e lo yoga, la compassione, la tolleranza, la gentilezza.

Abbiamo quindi visto il buddismo e l'induismo, ma cosa capita se ci spostiamo in Occidente?

Se andiamo nell'antichità, ad esempio Pitagora

la definiva il soffio, e pare che fosse stato proprio Pitagora tra i primi a sostenere questa teoria, ovvero quella della metempsicosi, che si sviluppò nell'**antica Grecia**, quindi il passaggio delle anime che trasmigrano dopo la morte in un altro corpo umano.

La reincarnazione fu insegnata dai filosofi greci Socrate e Platone nel V secolo a.C.
Nell'antica Grecia si incoraggiava la tesi reincarnazionista (palingenesia n.d.r)

Oppure forse crebbe soltanto in Grecia, arrivando invece dall'Egitto, se vogliamo credere ad Erodoto.

Empedocle sostenne Pitagora, lo si vede nei suoi scritti" purificazioni", mentre Platone fece proprio della reincarnazione la sua dottrina di conoscenza, nella quale afferma che conoscere significa ricordare, che quel sapere era già presente dentro di noi e dentro la nostra anima. Platone ne è un esempio incredibile nel suo libro con il soldato ER, storia che venne raccontata nel 'X libro della Repubblica'.
Nella storia Platone, infatti, descrive un soltanto

Greco, che morì in guerra.

Dopo 10 giorni, venne il tempo per raccogliere i cadaveri dei soldati e, visto il periodo trascorso all'aperto, erano ormai in profondo stato di decomposizione.

Tutti tranne il corpo del soldato ER, che risultava essere ancora perfettamente integro, seppur senza vita.

Dopo 12 giorni, venne messo sulla pira, come era di uso e di tradizione, a quei tempi, e come venne fatto con tuti gli altri corpi, ma il soldato tornò in vita, o si risvegliò.

Egli racconto di essersi trovato in un altro luogo, l'aldilà, e venne a trovarsi con molte altre presenze.

Era stato ordinato ad ER di osservare per poi riportare cio' che vedeva.
Dei giudici avevano un compito e tutti venivano giudicati per il male o per il bene fatto: se avevano fatto del bene venivano premiati ed andavano in cielo, e se invece avevano fatto del

male lo subivano con una pena di 10 volte il male causato, per ogni malefatta e per ogni colpa commessa.

Premi e colpe non erano eterne ma duravano mille anni, solo chi aveva commesso delle cose particolarmente malvagie restava nella punizione per l'eternità.

ER cita anche una voragine profonda dalla quale le anime cercavano inutilmente di uscire, situazione aggravata poiché avevano l'illusione di poterne scappare perché potevano raggiungere la parte in cima della voragine stessa, ma poi venivano spinti nuovamente verso il basso, dove scivolavano emettendo un suono simile ad un muggito.

In questa voragine normalmente finivano le anime delle persone che avevano commesso cose gravi oppure di quelle che ancora non avevano pagato per i crimini commessi.
Chi invece aveva fatto del bene restava in quel luogo, lontano dal cratere, per sette giorni e poteva godere della serenità di una prateria.
Al termine di questi sette giorni iniziava un

cammino che durava altri quattro giorni; arrivava così una colonna di luce, un arcobaleno, dove pendeva un fuso posato sulle ginocchia della Dea Ananke.

Da quella colonna, che ricorda i nostri tunnel, raggiungevano la beatitudine.

Li erano attesi dalle Moire, figlie di Ananke (colei che armonizza l'universo ed i destini, tra le molte cose).

A quel punto l'anima era esortata a scegliere la propria esistenza futura, in un corpo.

Venivano offerte più vite di quante erano le anime, così che potessero scegliere liberamente ed era loro suggerito loro di farlo bene perché potevano avere vite celebri e famose o vite faticose, con pesi difficili da portare per più esistenze.

Ciascuna di queste vite da scegliere offriva qualcosa di differente: alcune offrivano il potere, altre offrivano bellezza e fisicamente donavano potenza, c'erano donne che desideravano essere dotate di grazia, altri corpi erano meno fortunati o malati e così era per ogni cosa, dalla capacità di avere una ottima indipendenza a quella di finire sotto tirannia.

Ci furono anime che si presero il tempo di riflettere su tutte le sfaccettature dell'esistenza che andavano ad esplorare, non restando nella parte piu' superficiale.

Ma ci fu anche chi lo fece e decise di scegliere di diventare una grande tirannia, per egoismo, per desiderio di potere, senza considerare i dettagli che sembravano essere più insignificanti dei benefici e che invece si rivelarono fondamentali.

Quando se ne accorsero, queste anime iniziarono a percuotersi duramente, perché quelle vite scelte portavano anche un lato molto tragico, uno di loro per esempio avrebbe dovuto cibarsi della carne dei suoi figli ed altre cose tremende in cambio della gloria.
Naturalmente questa anima non diede colpa a se stessa, nonostante fosse stata avvertita di esaminarla attentamente, ma diede colpa per la sua avventatezza a tutti coloro che erano

intorno, inclusi dei presunti demoni.

Tutti erano colpevoli, tranne se stessi.

Altre anime, in base ai ricordi dell'ultima vita, ne erano ancora influenzati e quindi prendevano le loro decisioni in accordo con i loro ricordi e le loro emozioni ancora fresche.

Una volta scelta la loro vita, passavano alla Moira successiva, che secretava ufficialmente l'indissolubilità e la immutabilità di quella scelta.

Le anime venivano quindi unite ad un custode, un daimon, e si incamminavano insieme in una landa piena di sole e molto calda, dove le anime arrivavano ed erano molto assetate.

Venne detto loro di bere poco, ma molte anime invece bevvero tanto: quello che bevevano era in realta' l'oblio e quindi più bevevano più dimenticavano.

Tutto questo non toccò al soldato ER: a lui non

venne assegnata la possibilità di scegliere un'altra esistenza, non venne quindi ufficializzato nulla e gli venne vietato di bere perche' doveva tornare per raccontare.

Quando arrivarono infine i tuoni e le anime andarono in tutte le direzioni, come fosse un segnale, gli venne consentito di rientrare in un altro ventre e di iniziare la nuova esistenza.

Il soldato ER, invece di rinascere in un altro corpo ed in un altro luogo, si ritrovò nel suo, non sapendo come questo era accaduto.

Platone continua dicendo che attraverso il racconto del soldato scampato alla morte ci sarebbe stato possibile capire come vivere una vita degna che ci avrebbe risparmiato la voragine nell'altra dimensione, che questa era una lezione.

Quindi, secondo ER, la vita del corpo materiale è una esistenza scelta in precedenza, prima della nascita, ed è quindi immutabile.

I neoplatonici, che arrivarono dopo Platone,

iniziarono ad affermare che l'anima si reincarna e torna sulla terra a causa di una colpa originaria e che quindi bisogna fare tanto lavoro e tanta strada per distaccarsi da ciò che ci tiene legati alla terra, e quindi alla materia.

Questo concetto del distacco dei beni è presente anche nel Buddhismo, per esempio.

Abbiamo già visto il Buddhismo, sia Tibetano che Indiano, entrambi parlano di rinascita, usando questo termine ed è importante il distacco dalle cose materiali per poter proseguire bene il proprio cammino accumulando meno dolore.

In queste religioni orientali, in particolare nel Buddhismo, che nasce comunque dall'induismo, non esiste una divinità che possa salvarci ma siamo noi stessi a farlo, anzi viene proprio insegnato che non siamo vittime ma creatori della nostra realtà.
Non esiste una divinità da idolatrare ma le energie della persona si investono nella persona stessa, nel suo cambiamento e nella sua crescita e conoscenza.

Anche nel buddismo si dimenticherebbero le vite precedenti, perché alcuni aspetti potrebbero essere dolorosi, e quindi si rinasce senza memoria.

Il libro tibetano dei morti, il bardo Tödol, spiega quello che accadrà dopo la morte, fin dal primo momento, durante il quale l'anima vede il suo corpo e cerca di rientrarci ma senza successo.

Vedra' quindi le reazioni degli amici, dei parenti, ed inizierà quindi un viaggio dove incontrerà ostacoli, demoni o entità benefiche giudicanti, si attraverseranno pericoli e luci colorate fino al termine del cammino, tutto è descritto in modo molto dettagliato.

Il giudizio avverrà attraverso dei sassolini neri che rappresentano le cattive azioni mentre le buone azioni sono indicate da sassolini bianchi. La fine del cammino, nel libro, chiarirà che in verita' non ci sono mai stati né mostri, né demoni né esseri giudicanti: quello che si è visto rappresentava soltanto le nostre paure, quelle che cresciamo dentro di noi.

E non esiste nessun giudizio esterno se non il giudizio dell'anima stessa che andrà ad abitare in un corpo che già conosce perché lo ha costruito con le vite precedenti; quindi, nulla è affidato al caso ma viene costruito oggi per poter essere vissuto domani.

Nessuno ci attende veramente per spaventarci oppure per giudicarci, tutto quello che si è vissuto durante il cammino verso una nuova reincarnazione non è altro che il frutto dei pregiudizi e delle paure dell'anima stessa.

L'induismo parla di reincarnazione, e dice che lo spirito vitale esce dal corpo per rinascere nel grembo di un'altra creatura umana, così lo fa anche ***l'Ebraismo***, nella parte dell'insegnamento della Cabala, o Qabbala.

Le anime devono ritornare all'assoluto dal quale sono emerse. Per raggiungere questo fine, però, devono sviluppare le perfezioni il cui seme è già insito in loro. E se non avranno sviluppato tali caratteristiche in questa vita, allora dovranno cominciarne un'altra, una terza, e così via. Dovranno continuare così finché acquisiranno la condizione che permette loro di tornare in compagnia di Dio

Zohar

Credevano alla reincarnazione anche i Farisei, gli Ebrei rabbini, ed altre popolazioni vissute durante il periodo di Gesù.

Più avanti nel tempo vennero altri filosofi, storici e scienziati di quell'epoca come Virgilio e Cicerone, ad esempio,

Ma non dimentichiamo che anche la **religione Cristiana** includeva la reincarnazione e si trovano tantissimi passi del Vangelo dove si va in questa direzione.
La Chiesa poi eliminò questo concetto attraverso tre Concili Vaticani, il primo nel 435 a Nicea e l'ultimo di Costantinopoli nel 533 d.C. con Giustiniano.

Durante questo ultimo concilio, tra l'altro, si condanno' per eresia Origene, che in realtà era stato uno dei Padri della Chiesa, che era tra l'altro a favore della metempsicosi.

Giustiniano bandi' tutti gli insegnamenti di origine dalla dottrina della Chiesa Cattolica Romana, e venne cancellato tutto, a partire dalle scritture.

Dopo questo concilio si decretò che le anime o andavano all'inferno oppure andavano in paradiso, così si risolveva il problema e si faceva anche paura al popolo che, se non avesse seguito gli insegnamenti della Chiesa, avrebbe fatto fare una bruttissima fine alla propria anima.

Ma inizio' anche una sorta di commercio delle anime stesse, se vogliamo vederla in questo modo: pensiamo ad esempio alle indulgenze, dietro compenso, con una Chiesa Cattolica che asseriva di avere il potere di poter cancellare tutti i peccati commessi dal battesimo in poi.

Naturalmente va considerata l'educazione del

periodo in cui stiamo parlando e quindi comprendete quanto le persone vivessero con molta paura, la paura della dannazione eterna oppure la speranza del paradiso, della gioia perpetua, in una vita talvolta gia' difficile e penosa di suo.

Ed ecco che fioccavano donazioni, lasciti, regali, eredità intere pur di avere l'anima salvata e degna di accedere finalmente alle famose porte della felicità eterna.

Forse termino lì quella Chiesa dell'amore per diventare una Chiesa più politica, più forte e decisamente più ricca, prendendo il posto così dell'Impero romano che nel 476 ufficialmente decadde.

Una religione unica, che controlli il popolo, viene anche utile nel momento in cui il territorio da controllare ed il numero di persone aumenta, permette di espletare ai compiti ed al controllo in maniera più facile.

Oltre comunque alle frasi del Vangelo, che si trovano anche nel mio libro ' trame dell'eterno:

alla scoperta delle anime antiche', restano delle citazioni anche più recenti, ad esempio quella di Sant'Agostino (354-430 d.c.):

"Dimmi, Signore, dimmi se la mia infanzia successe
ad altra mia età morta prima di essa?
E prima ancora di quella vita, o Dio, mia gioia, fui
io forse in qualche luogo o in qualche corpo?"

Oppure Plotino:

"la ragione «pone ogni anima secondo il merito nel
luogo che le conviene (…)
Chi ha ucciso la propria madre rinascerà donna per
essere uccisa dal figlio, chi ha violentato una donna
rinascerà donna per essere violentata»)."

Ed invece Origene nel suo 'de principiis' scrisse la seguente frase:

"l'anima non ha principio e fine.
Ogni anima entra in questo mondo fortificata dalle

vittorie oppure indebolita dai difetti della vita precedente.

Il suo posto in questo mondo, quasi dimora destinata all'onore o al disonore, è determinato dai suoi precedenti meriti.

Il suo operato in questo mondo determina il posto che essa avrà nel mondo successivo.
Non è forse più conforme a ragione che ogni anima, per certe misteriose ragioni, venga introdotta in un corpo e ivi introdotta secondo i suoi meriti e le sue precedenti azioni?"

Ed ancora scrisse:

" in quanto a sapere perché l'anima ubbidisce talvolta il male, talvolta bene, bisogna cercare le cause in una nascita anteriore alla nascita corporea attuale".

Le anime vengono assegnate al loro "luogo o regione o condizione" in base alle loro azioni prima della vita presente"

"Dio ha organizzato l'universo sul principio di una retribuzione assolutamente imparziale"
scrive ancora Origene.

Poi spiega che: *Dio non creò "secondo alcun favoritismo" ma "diede alle anime un corpo secondo i peccati di ognuno."*

"Se l'anima non ha avuto una preesistenza, perché alcuni sono ciechi dalla nascita, non avendo peccato, mentre altri nascono senza alcun difetto?"

"È chiaro che alcuni peccati esistevano (cioè erano stati commessi) prima che l'anima entrasse in un corpo, come risultato di tali peccati, ogni anima riceve una ricompensa in proporzione a ciò che merita".

"Ogni anima viene in questo mondo rafforzata dalle vittore o indebolita dalle sconfitte della sua vita passata."
Intervenne poi San Girolamo che disse, in maniera molto esplicita:

"non conviene si parli troppo delle rinascite, perché le masse non sono in grado di comprendere".

Ed ancora:

"Dobbiamo riservare la dottrina della reincarnazione alla minoranza perché è preferibile che la maggioranza creda ai tormenti dell'inferno".

Nel vecchio testamento si trovano molti riferimenti, alcuni dei quali li ho già esposti nel mio libro precedente 'trame dell'eterno: alla scoperta delle anime antiche' ma vorrei aggiungere Giobbe 1-21 che dice:

"nudo uscii dal seno di mia madre è nudo vi ritornerò"

In Marco 6, 14-16 si parla di Elia ed ad un certo punto si cita Giovanni Battista:

"Giovanni il Battista è risuscitato dei morti e per questo il potere dei miracoli opera in lui.
Altri invece dicevano Elia, è un profeta come uno dei profeti, ma Erode, a sentirne parlare, diceva: quel Giovanni che io ho fatto decapitare è risuscitato"

Ed ancora, *Giovanni 3,6*:

Ciò che è generato dalla carne è carne, e quel che nasce dallo spirito è spirito.
Non ti meravigliare se ti ho detto: bisogna che voi siate generati di nuovo.

Vangelo di Tommaso:

'Un giorno chiedemmo a Gesù: "Quale sarà la nostra fine?"
Ed Egli ci rispose: "Se scoprite il principio non dovrete preoccuparvi della fine, perché dove è la fine, là è il principio.
E chi conosce il principio, conosce la fine e si libera dalle morti.
Volete sapere in che modo un uomo si libera dalle morti?
Divenendo consapevole di essere già esistito prima di ogni nascita.'

San Gregorio di Nissa:

'E' necessità di natura per l'anima immortale d'essere guarita e purificata: se essa non lo è stata con la sua vita terrena, la guarigione si opera nelle vite future e susseguenti.'

Clemente Alessandrino:

'L'Anima vive più di una volta in corpi umani, ma non può ricordare le sue esperienze anteriori.'

Quindi il cristianesimo delle origini era decisamente molto diverso da quello che conosciamo oggi, anche se talvolta poteva essere in disaccordo tra i vari gruppi, perché anche nel Cristianesimo ci furono idee e pensieri a volte differenti tra di loro.

Un altro motivo per il quale la Chiesa Cattolica si rinforzò e divenne una è che per controllare un terreno molto vasto serve una potenza forte e coesa.

Oggi ci sono ancora dei gruppi che si considerano Cristiani e credono nella reincarnazione, tra questi possiamo citare ad esempio i movimenti Spiritualisti Cristiani, la compagnia Rosacruciana, l'Unitarianismo, la Chiesa Cattolica Liberale, il Lectorium Rosacrucianum.

Capitolo 5 - Vita quotidiana e reincarnazione: cosa accadrebbe se ne fossimo consapevoli?

Certamente, ci si potrebbe chiedere se la comprensione delle disparità nell'esperienza umana, come quelle tra ricchezza e povertà, salute e malattia, possa emergere esclusivamente attraverso il concetto della reincarnazione.

Tale concetto potrebbe forse fornire una chiave di lettura per comprendere le differenze di esperienza nelle varie vite delle persone.

In particolare, potrebbe offrire una spiegazione al motivo per cui alcune persone nascono con disabilità mentre altre in condizioni normali, affrontando situazioni difficili come malattie incurabili o debilitanti

Potrebbe anche fornire un senso alle sfide della vita, come la perdita di persone care, incidenti inevitabili o le molteplici bruttezze della vita, inclusi abbandoni, aborti spontanei e anziani soli.

Attraverso il contesto della reincarnazione, tali esperienze potrebbero trovare una spiegazione più coerente, promuovendo una maggiore accettazione delle difficoltà

In questo capitolo, esamineremo gli effetti che la reincarnazione potrebbe avere nella vita quotidiana se diventasse parte integrante del nostro modo di vivere, influenzando la nostra consapevolezza.

Considereremo gli impatti e le sfaccettature di un ipotetico risveglio mattutino con la consapevolezza che la vita attuale è solo una delle molte che sperimenteremo.

Se ci svegliassimo con il solo concetto di sopravvivenza, cosa accadrebbe?

Proviamo ad immaginare una situazione nuova: cerchiamo di dimenticare momentaneamente tutto ciò che abbiamo appreso fino ad ora, inclusi i condizionamenti della religione, della scuola, della famiglia e della televisione.

Abbandoniamo ogni conoscenza come se fossimo in grado di ritornare al punto di partenza, al nostro primo giorno, con una base educativa completamente diversa.

Ecco, noi crediamo fermamente che torneremo su questa terra molte volte.

Cosa cambierebbe nelle nostre vite?
Vorrei sottolineare che in questa supposizione immaginaria, non sto suggerendo di ricordare le vite precedenti.
Questo sarebbe emotivamente insostenibile, poiché, nelle nostre esistenze passate, abbiamo sperimentato ogni aspetto possibile, facendo e ricevendo ogni cosa nell'ottica di sperimentare

la crescita spirituale.

Ricordiamoci anche che proveniamo da epoche non caratterizzate dalla pace e dall'amore universale, ma segnate da una successione di eventi bellici, oppressione e aggressività, che continua anche in questo nostro mondo.

Ecco, quindi, che l'oblio è necessario, in questa ottica.

Quindi, evitiamo di riflettere per ora sui ricordi delle vite passate (un argomento che esploreremo a breve) e concentriamoci esclusivamente sulla consapevolezza del ritorno ciclico in un corpo materiale.

Uno dei primi effetti potrebbe essere l'incentivazione della crescita spirituale, poiché le persone sentirebbero il desiderio di comprendere meglio il proprio scopo in una dimensione diversa da quella spirituale e di capire le implicazioni che ciò comporta.

Conseguentemente, le persone cercherebbero il significato della vita che stanno attualmente vivendo, basandosi sulle esperienze del passato, poiché sono queste ultime a creare in definitiva il loro presente.

Nel momento in cui si realizza che il passato è stato il trampolino di lancio per il nostro presente, credo che si avrebbe il desiderio di comprendere i blocchi e i nodi che affrontiamo anche in questa esistenza, affinché possiamo affrontarli e cancellarli, riequilibrandoli e preparando così un terreno più fertile e meno complesso per la vita futura.

Dopo questo passaggio, secondo me, si potrebbe cominciare ad adottare una serie di comportamenti nella vita quotidiana, iniziando, ad esempio, dalle scelte, che saranno più ponderate e orientate a scopi diversi.
Un esempio potrebbe essere la comprensione, unita all'empatia, poiché, nell'ottica della reincarnazione, si arriverebbe a comprendere meglio le esperienze, i blocchi e i problemi anche delle altre persone, contribuendo così alla crescita personale.

Anche a livello delle connessioni tra le persone,

sempre nell'ottica della reincarnazione, potremmo scoprire che diventano più profonde, più motivate, più sincere, proprio perché si sviluppa quell'empatia e quella comprensione di cui parlavo precedentemente e quindi ci si immedesima maggiormente nelle situazioni altrui.

Quindi, si assisterebbe a un'acquisizione di valori diversi, più profondi e autentici.

La reincarnazione potrebbe anche far comprendere che molti dei nostri blocchi o traumi hanno un'origine più antica.

La consapevolezza di questa possibilità, che esploreremo nel capitolo sull'ipnosi regressiva alle vite precedenti, potrebbe favorire il superamento e la guarigione a livello psicologico ed emotivo di tali problemi.

Va sottolineato un altro problema comune nella nostra cultura: la tendenza a non accettare la morte, ad affrontare questo momento naturale della vita come la fine, con le relative paure e timori.

La consapevolezza di ritornare a rifare queste esperienze più e più volte eliminerebbe la paura della fine della vita, poiché si comprenderebbe che la vita è un continuo, un ciclo di esperienze che si ripete in modo ciclico.

Questa consapevolezza potrebbe anche portare a un'evoluzione delle persone e della loro educazione, poiché il concetto di rinascita legato alla crescita porterebbe alla convinzione che l'apprendimento si accumula attraverso le diverse esperienze di vita e rinascita, ritrovandolo quindi di vita in vita.
Inoltre, potrebbe contribuire alla comprensione di sé stessi, spingendo a una ricerca più profonda sull'identità e sulla trasformazione attraverso le esperienze vissute.

Questo approccio porterebbe a una maggiore capacità di accettare ciò che la vita offre giorno dopo giorno, comprendendo che è attraverso le sfide che la nostra essenza, la nostra parte più profonda, cresce maggiormente.

Accettare le sfide come maestre anziché

nemiche e cercare di comprendere le lezioni che possiamo apprendere da ogni situazione che dobbiamo affrontare.

Ma c'è molto di più, perché, ad esempio, la convinzione del nascere in maniera ciclica può portare alle persone un senso di appartenenza sia civica che a livello di connessione universale.

A livello civico, si rispetterebbe maggiormente tutto ciò che ci circonda, dalle cose alle persone, passando per gli animali e tutto il mondo della natura.

A livello universale, ci si renderebbe conto che sperimenteremo tutte le forme, tutti i colori, tutte le culture, e la unione anche perché si è tutti interconnessi, un concetto che fatica ad entrare nell'ottica dell'occidentale.

Non voglio tralasciare neanche ciò che rappresenta la consapevolezza dell'importanza delle nostre azioni e di quanto queste influenzino le altre persone intorno a noi, la loro crescita, la loro esperienza e i loro legami affettivi o familiari.

Ciò che facciamo diventa quindi molto importante anche ai fini delle altre persone, interferendo più o meno nel libero arbitrio, cercando di cambiare il percorso di crescita delle altre persone o anche semplicemente l'impatto che la nostra presenza ha nelle vite degli altri.
Pensiamo alle ansie che ogni tanto ci affliggono e che magari apparentemente non hanno una causa.

Magari invece, proprio attraverso la consapevolezza della reincarnazione, potrebbe essere la chiave di lettura che aiuta a gestire questo tipo di ansia esistenziale, fornendo un senso alla vita molto più ampio e permettendo di affrontare timori, paure e magari traumi

Anche il perdono acquisirebbe un significato differente, perché sappiamo che attraverso il perdono, così come la riconciliazione, apriremo delle vie nuove per il futuro delle persone coinvolte, evitando di trascinare nodi e blocchi che ci troveremo più avanti, permettendoci quindi di avere relazioni molto più serene ed amichevoli.

Anche il discorso dei doni e dei talenti che alcuni di noi si ritrovano in questa vita, come la capacità di apprendere lingue straniere, suonare strumenti o muoversi in maniera flessibile ed armonica durante la danza, può essere visto nell'ottica di qualcosa che ci portiamo con noi da un periodo molto più lontano.

Credo che la reincarnazione, vista come consapevolezza delle esperienze di crescita che si ripropongono costantemente per il miglioramento, non potrebbe che portare grandi benefici nella nostra società, soprattutto se vissuta appieno, cogliendo e mettendo in atto tutte le parti più profonde.

Darebbe un senso a questa esistenza e ad ogni esperienza che viviamo continuamente.

5.1 il concetto di avere o di non avere un'anima

L'idea filosofica di possedere un'anima è profondamente radicata nella storia del pensiero umano.

Da Platone a Aristotele, da religioni antiche a filosofi contemporanei, il concetto di anima ha permeato molte tradizioni culturali e spirituali Innanzitutto, bisogna comprendere che le concezioni sull'anima possono variare notevolmente.

Per Platone, l'anima rappresentava l'elemento immortale e incorporeo, detenendo la conoscenza e guidando il corpo.

Aristotele, d'altro canto, vedeva l'anima come la forma di un corpo vivente, interconnessa con la sua struttura fisica.

Le religioni spesso attribuiscono all'anima un ruolo centrale, definendola come l'essenza immortale e spirituale di un individuo.

Questo concetto si riflette in dottrine come la reincarnazione, la resurrezione e l'immortalità dell'anima.

Nella filosofia moderna, alcuni pensatori hanno sfidato il concetto di anima, sostenendo che la coscienza e l'identità possono emergere da processi puramente fisici nel cervello.

Tuttavia, altri ritengono che l'anima rappresenti un aspetto più profondo dell'essere umano, collegato alla consapevolezza, alla morale e alla ricerca di significato.

Il dibattito sull'anima si estende anche alla psicologia, dove concetti come l'inconscio e l'identità personale si intrecciano con la comprensione filosofica di avere un'anima.

Quindi, l'idea di possedere un'anima attraversa le epoche e le culture, rappresentando un elemento fondamentale nel modo in cui gli esseri umani cercano di comprendere la propria esistenza e il significato della vita.

La filosofia dell'anima offre uno sguardo profondo sulla natura umana e continua a suscitare riflessioni significative sulla nostra esistenza.

Nel quotidiano, credere di avere un'anima può influenzare profondamente la prospettiva e il comportamento di un individuo.

Questa convinzione spesso fornisce una cornice di significato e scopo alla vita, contribuendo alla formazione di valori, morali e aspirazioni.

Ecco come questo concetto potrebbe riflettersi nella vita di tutti i giorni:

Significato e Scopo: La presenza di un'anima può dare significato alla vita di una persona, fornendo una base per la ricerca di uno scopo più elevato e una connessione con qualcosa di più grande.

Spesso, chi crede nell'anima può sperimentare un senso più profondo di significato e scopo nella vita.

Il concetto di anima è strettamente legato alla morale e alla crescita spirituale.
Senza di essa, o senza il concetto di essa, la società avrebbe un collante in meno, sarebbe più individuale ed individualista.

Etica e Morale: La credenza nell'anima può influenzare le scelte etiche e morali, guidando l'individuo a considerare il bene e il male in un contesto più ampio.

Cosa accadrebbe se, nelle azioni verso gli altri, non esistesse il concetto di anima? Forse che si dimenticherebbe la morale?

Senza conseguenze nelle azioni quotidiane, sarebbe difficile pensare ad un codice morale.

La fede nell'anima può quindi servire come base per orientamenti etici e morali, influenzando le decisioni quotidiane.

Relazioni Interpersonali:
la consapevolezza di un'anima può favorire una maggiore empatia e comprensione nelle relazioni, poiché si riconosce una dimensione più profonda nell'altro individuo.

Al contrario, subentrerebbe l'egoismo.

La ricerca di connessione con l'anima può portare a pratiche spirituali, meditazione o preghiera.

Affrontare le Sfide:
la fede nell'anima può offrire conforto e speranza durante le sfide e le difficoltà, poiché si crede in una continuità dell'esistenza oltre la vita terrena.

Senza la convinzione di un'anima, l'affrontare le sfide potrebbe richiedere risorse diverse, come la ricerca di significato nella realtà fisica o nei rapporti umani.

In situazioni difficili, il pensiero di possedere l'anima può fornire conforto emotivo, offrendo la prospettiva di una dimensione trascendente.

Senso di Vuoto:
la mancanza di convinzione della esistenza dell'anima potrebbe tradursi in un senso di vuoto esistenziale, con la possibilità di sentirsi privi di un significato più profondo nei riguardi dell'esistenza stessa.

Senza un significato oltre alla gratificazione immediata, non ci sarebbe una ragione di visione della vita a lungo termine.

Orientamento Etico:
la mancanza di un'entità spirituale potrebbe portare a una visione più pragmatica della vita, con orientamenti etici e morali basati su considerazioni materialistiche.

Il concetto di anima è la colla di ogni società, la tiene insieme e la fa crescere.

Relazioni ed Empatia:
potrebbe verificarsi una tendenza a focalizzarsi maggiormente sugli aspetti tangibili della vita, riducendo forse l'empatia e la comprensione nelle relazioni.

La percezione dell'anima può avere un impatto significativo sulla visione del mondo e sul modo in cui un individuo affronta la vita quotidiana.

Senza la credenza nell'anima, i valori potrebbero orientarsi maggiormente verso aspetti materialistici della vita.

La mancanza di un'entità spirituale potrebbe enfatizzare la responsabilità individuale nella creazione del proprio significato e scopo, forse molto diversi da come li intendiamo oggi.

Verrebbero forse a decadere molte delle emozioni legate all'empatia o al concetto, di conseguenza, che potrebbero ancora esistere ma con un significato molto più materiale.

Le conseguenze del credere o del non credere nell'anima potrebbero chiaramente variare notevolmente da persona a persona, influenzate dalle prospettive personali, dalla cultura, dalla

educazione, dalla famiglia, società e dalle convinzioni individuali.

Capitolo 6: come riconoscere se abbiamo già vissuto prima di oggi.

Arrivati a questo punto, dopo aver compreso una parte della storia e della filosofia, dei convincimenti ma anche dell'applicazione pratica se si comprendesse di essere già nati, verrebbe spontaneo chiedersi: ma come faccio a capire se anche io sono già vissuto?

Ci sono una serie di elementi che possono darci delle indicazioni e ad esempio potremmo partire citando il Dejà -Vu, che significa già visto.

Questo fenomeno è molto dibattuto e si sono trovate molte semi - spiegazioni, che in realtà non spiegano molto, restando a livello molto teorico.

Potremmo anche noi pensare che, quando capita questo momento durante il quale ci sembra di avere già vissuto, possa in realtà manifestarsi un collegamento con un qualcosa che è veramente già capitato, un momento durante il quale la linea temporale ha come una piccola crepa oppure si sovrappone, oppure può rappresentare un'esperienza vissuta che emerge nella coscienza di questo momento.

Ci sarebbe da fare un lungo discorso sul concetto del tempo e su cosa esso sia o, meglio, esso non sia, ma magari avremo altre occasioni per discuterne.

Abbiamo visto nel capitolo precedente che esistono i doni, le predisposizioni ed i talenti che alcune persone si ritrovano in maniera naturale, anche queste capacità potrebbero essersi sviluppate in vite precedenti così come allo stesso modo potremmo portare con noi aspetti meno piacevoli, quali fobie, ansie, traumi che potrebbero rappresentare episodi non superati di qualche vita precedente.

La consapevolezza che questi problemi siano in realtà derivati da ricordi potrebbe aiutare proprio a scioglierli e quindi a risolverli.

Un altro segnale che può indicare che questa non sia la nostra prima esistenza può essere rappresentato da quelli che sono incontri speciali, particolari, con persone che hanno un impatto profondo sulla nostra esistenza, con persone con le quali sentiamo un'affinità ed un link particolare, persone che crediamo di conoscere da sempre nonostante le abbiamo incontrate soltanto da un tempo brevissimo a volte anche solo pochi minuti.

Questi possono essere incontri karmici, e quindi è sempre bello tenerli presente e notare quando questi accadono.

In genere accadono anche per una ragione precisa, che si scoprirà man mano che passa il tempo.

Un altro modo eccezionale per poter capire nel

profondo le vite precedenti è quello dell'ipnosi regressiva, tecnica che permette di andare indietro in questa linea spazio-temporale e quindi di accedere ai ricordi più reconditi, più antichi, che la mente sbloccherà per dare anche dei suggerimenti e dei consigli per vivere meglio questa esistenza.

Chi si interfaccia con l'ipnosi regressiva torna a casa con una sensazione meravigliosa, e sapendo di aver vissuto un'esperienza unica ed incredibile, mantenendo vividi e per sempre i ricordi e *tutte le emozioni* che si sono manifestate durante questo viaggio alla ricerca di sé stessi

L'esperienza dell'ipnosi regressiva alle vite precedenti fa proprio anche vivere il momento del passaggio da una esistenza ad un'altra, regalando la consapevolezza che ogni cosa è destinata a continuare, che esiste questa continuità, e che l'esistenza non è fine a sé stessa, non terminando con la morte.

Chi vive questa esperienza si rende infatti conto di tutto il passaggio, dalla nascita alla crescita, alle esperienze più importanti di quella vita che si sta manifestando nuovamente, emergendo dal passato, fino ad arrivare al momento del fine vita, che non è mai vissuto con nessun senso di angoscia e di rimorso: semplicemente si abbandona il corpo, che non rappresenta più nulla, non si sente più il legame con quella materialità che ci è appartenuta.

 L'unico sentimento che si prova per quel corpo ormai abbandonato e privo di vita è di una delicata dolcezza, ma mai il rimpianto di averlo lasciato.

Tutta la vita ed in particolar modo il fine vita vengono visti più come la fine di un ciclo naturale e quindi anche l'abbandono del corpo lo si percepisce come l'abbandono di un vestito che non ci va più bene e che quindi è necessario che venga sostituito.

Viene poi vissuta la parte successiva all'abbandono del corpo che è in sostanza simile per tutti e che, per mia esperienza, non ha mai una accezione religiosa, non importa quale sia il background della persona che si sottopone a questa esperienza: per quello che mi riguarda tutti descrivono il fluttuare, il guardare la scena del proprio corpo distaccato, il salire verso l'alto, l'incontro con questa luce incredibile e poi, molto spesso, l'accoglienza delle entità che vengono ad accoglierle, a darci il benvenuto.

Non è raro che tra queste entità si possano incontrare i propri cari, ed in quel momento inizia un vero e proprio colloquio che non è un ricordo ma è un nuovo incontro, che avviene in quel momento, in un'altra dimensione.

A tal proposito desidero brevemente accennare al mio metodo, che ha il mio nome, e che è una tecnica in parte medianica ed in parte quantica, che attraverso un percorso specifico e particolare permette l'incontro tra i due mondi.

Il metodo di ipnosi Cavallero ©

crea un qualche cosa che non esiste, in particolare crea un luogo a livello quantico, affinché le due dimensioni possano incontrarsi ed a quel punto sviluppare un incontro vero e proprio, mirato, profondo ed altamente emozionale, che permetterà anche di comprendere che chi amavamo continua ad esistere, che abbiamo la possibilità di vederli anche ora, di toccarli, di parlare con loro, di abbracciali e di assaggiare un pochettino della loro luce, di quella luce nella quale sono immersi.

Questo metodo naturalmente richiede una preparazione precedente all'esperienza poiché è particolarmente intensa ed emotiva e non può quindi essere fatta senza averne prima discusso con la persona che desidera sottoporsi a questa esperienza e spiegata per bene.

Tornando alla regressione ipnotica alle vite precedenti, quello che le persone raccontano di questa esperienza e di questa luce meravigliosa, avvolgente, di questa gioia che non arriva da fuori bensì dal di dentro, come se non ci fosse bisogno di cercare nulla intorno per provare questa sensazione: la gioia è già dentro di noi, ci appartiene, la ritroviamo come componente della nostra anima e dell'ambiente nel quale andremo a vincere dopo, che la si avverte completamente e nel senso più profondo, e viene donata anche all'esterno.

I racconti poi continuano con il vedersi con la vera identità che si ha in quella dimensione, ovverosia all'arrivo le riconosciamo con le identità fisiche come le conoscevamo, perché così si fanno riconoscere a chi arriva e deve ancora comprendere in quale dimensione si trova, poi saremo perfettamente capaci di esistere con la sola forma di coscienza.

Ovvero senza il bisogno di una identità riconoscibile attraverso una fisicità: le anime si riconoscono attraverso ciò che sono e vengono descritte anche durante la regressione, come energia, energia che ha bisogno di muoversi, che non può stare ferma.

Ma è una luce molto viva, che non c'entra nulla con l'idea di spegnersi, al contrario si ravviva e si illumina ogni volta che incontra un'altra anima appartenente alla sua cerchia.

E qui inizia una vera e propria danza di gioia, con queste fiammelle che brillano maggiormente e si muovono in maniera più frenetica, in un saluto gioioso, in un ritrovarsi che si esprime in una maniera a noi sconosciuta.

Arriva poi il momento in cui le anime sono pronte per la nuova esperienza terrena, o in un'altra dimensione, ed ecco che le fiammelle è come se si salutassero, tuttavia senza il dispiacere, senza il dolore del doversi allontanare, perché per l'anima questa fase è un procedimento del tutto naturale, con la consapevolezza che non è un addio ma semplicemente un distacco temporaneo che servirà ed aiuterà quell'anima a crescere ancora.

Un altro modo per aiutare le persone a capire se hanno già vissuto è quello legato alle intuizioni, il leggere in certe situazioni un'esperienza di vita del passato che è ancora un'influenza nella vita del presente, ma anche i sogni vividi, ricorrenti, che regalano dei momenti e dei frammenti di una vita che è esistita nel passato, sogni che tendono a ripetersi all'incirca sempre nello stesso modo e mostrando sempre la stessa visione o, se si tratta di una località, sempre dei riferimenti ben precisi ad un luogo.

Non va poi sottovalutato l'attaccamento a certi periodi della storia oppure a delle culture specifiche, che si manifestano con una attrazione importante, col desiderio di approfondire un periodo storico, di capire di più di una civiltà antica, passata che ci stimola una grande curiosità.

Va anche tenuto conto il ricordo dei bambini perché hanno grandi capacità, in particolare quando sono molto piccoli.

Le ricerche hanno portato in evidenza che gli anni più interessanti per i ricordi delle vite precedenti nei bambini vanno dai due ai sei anni, con una concentrazione particolare di ricordi intorno ai tre anni di età.

I bambini spesso ricordano in maniera spontanea delle vite precedenti, spesso vengono indicate qua e là con molta naturalezza perché i bambini non hanno i filtri che svilupperanno in seguito, generalmente intorno all'età di sei anni, e quindi vengono esposti in maniera molto naturale, libera.

Tanto che spesso non vengono colti dai grandi, dagli adulti che li circondano, oppure vengono interpretate semplicemente come fantasie.

Questo è un peccato perché, se lasciati liberi di esprimersi e sollecitati al racconto in maniera sorridente e gioiosa, si potrebbero scoprire delle cose molto interessanti, come poi vedremo in uno dei capitoli di questo libro che racconta le storie.

Oltre al Déjà Vu esiste anche il Déjá Rêvé, ovvero il già sognato.

Sogni nei quali non soltanto si intravedono frammenti di esistenza come abbiamo visto in precedenza ma si avverte proprio l'essere in quel luogo, di essere in quella vita che in quel momento si manifesta a livello onirico.

Sì avverte come essere qualcun altro e si vive la vita di qualcun altro

Anche il sentirsi a casa in località sconosciute, oppure il muoversi liberamente per le vie di posti che non si è mai visitati prima può essere un segno del ricordo di una vita precedente proprio in quella località.

Ma possiamo anche vedere il legame che si può sviluppare attraverso oggetti:
a volte il collezionismo può nascondere la malinconia per certe cose che hanno fatto parte di una nostra vita precedente e quindi in questa esistenza si cerca di ritrovarle e di far sì che ci circondino, per smorzare un pochino quella dolce nostalgia di un qualche cosa che una parte di noi avverte, senza sapere esattamente cosa.

Si può anche cambiare personalità durante l'esistenza, accorgersi di fare delle trasformazioni, delle evoluzioni a livello profondo e non comprenderne appieno il perché, mentre potrebbero essere parti delle nostre vite precedenti, in particolare il carattere, che emergono nuovamente: del resto noi siamo stati tutto ciò che abbiamo vissuto e quindi anche queste parti che riemergono non sono altro che parti di noi stessi che erano assopite.

Escludendo qualsiasi natura medica o psicologica, allora questo cambiamento non dovrebbe fare paura perché è un ritrovarsi. Anche le relazioni personali complesse con alcune persone possono indicarci una vita o più vite precedenti.

Questi rapporti trovano giustificazione in vite passate durante le quali certe situazioni non si sono completamente risolte e quindi si trascinano in questa esistenza.

Oppure potrebbe esserci stato un accordo tra anime ed attraverso queste relazioni complicate si dovesse in realtà imparare una lezione; quindi, non è un blocco pregresso ma un piano deciso prima di nascere per aiutarsi a crescere.

Ho descritto gli indizi principali che possono indicare di avere già vissuto ma ce ne sono molti altri ed allo stesso tempo non voglio dimenticare la meditazione, perché anch'essa può aiutare a visualizzare eventi del passato, siano essi piccoli frammenti oppure manifestarsi come sensazioni oppure ancora in forma di intuizioni.

Questa modalità non permette di comprendere bene il senso della vita come invece accade attraverso l'ipnosi regressiva.

Capitolo 7: gli studi e le ricerche in ambito Accademico.

Affrontando la nostra ricerca in un ambito più scientifico ed accademico, va considerato che la scienza si basa su un concetto chiamato materialismo scientifico, che costituisce la base per la comprensione di ciò che ci circonda, della vita e di ogni cosa.

Il materialismo scientifico è una prospettiva sia filosofica che scientifica che si fonda sul fatto che ogni tipo di fenomeno esistente possa essere spiegato utilizzando termini fisici o legati alla materialità, inclusa anche la coscienza e la mente, cercando quindi di ridurre tutto a componenti tangibili come molecole o atomi.

Quindi, il materialismo non considera l'esistenza di ciò che può essere spirituale o immateriale perché non può essere toccato, misurato o comprovato.

È come se la scienza, per poter dare ragione a una teoria piuttosto che un'altra, avesse la necessità di mettere insieme tanti pezzettini fino a formare un puzzle.

Questo risulta facile quando si deve studiare, ad esempio, una parte del corpo, perché è misurabile e tangibile, ma diventa molto complicato quando si parla, ad esempio, di fenomeni dello spirito, della coscienza, dell'anima e così via.

È senz'altro un metodo che funziona molto bene per una parte degli studi, ma a mio modestissimo parere è un po' come vedere un film alla televisione togliendo l'audio: per quanto possa essere in altissima risoluzione e vincitore di un premio Oscar, non riuscirà mai a trasmettere la stessa intensità di come sarebbe stato assistere alla proiezione con l'audio.

Tuttavia, esistono alcuni fenomeni che rappresentano una vera e propria sfida e che portano a profonde riflessioni.

La regressione e la ricerca di prove sulla reincarnazione hanno radici antiche, passando dalla teosofia ad alcuni testi Sanscriti fino ad arrivare a Edgar Cayce, soprannominato il profeta dormiente, che utilizzava già questa tecnica nel 1800.

Ecco quindi che, con l'evolversi della scienza e delle metodologie, entrarono in campo professori, psichiatri, psicologi che iniziarono a studiare questi fenomeni che sembrano uscire fuori da ogni canone logico.

Iniziarono a dedicare completamente la loro vita a questi studi, e lo fecero in maniera pragmatica, creando statistiche, viaggiando ed andando a ricercare caso per caso, analizzando tutto in maniera approfondita, raccogliendo materiale, ascoltando le persone ed i bambini.

Ed è a queste persone che desidero dedicare questo capitolo, persone che sono andate controcorrente, che sono state anche messe in ridicolo, che hanno dovuto difendere i loro studi, le loro ricerche e le loro fatiche, che hanno perso credibilità o occasioni professionali, che sono state licenziate o derise.

Mi soffermerò in particolare su due ricercatori importanti, dei capisaldi nell'ambito degli studi sulla reincarnazione.

Ma nel frattempo mi è caro ricordare anche altri medici che erano completamente scettici, in questo caso in particolare alla regressione alle vite precedenti e quindi alla reincarnazione, ma che hanno poi rivisto i loro punti di vista.

In Inghilterra visse è studio il Professor James Alexander Cannon, personaggio controverso ma che ricercò molto nell'ambito della reincarnazione occupandosi di ipnosi.

Nacque a Leeds nel 1896 ed ottenne una laurea in medicina ed anche un dottorato di ricerca, persona molto colta, viaggiò moltissimo e tra la fine degli anni 20 l'inizio degli anni 30 divenne ufficiale medico responsabile del dipartimento dell'Università di Hong Kong, psichiatra e medico, servì anche come console britannico accanto e viaggiò in India, Cina e Tibet.

Al suo rientro a Londra nel 1931 gli venne conferito un diploma in medicina psicologica, direttamente dal Royal college of Physician of London così come dal Royal college of Surgeons of England.

E già nei primi decenni del 1900 il dottore curava attraverso l'ipnosi problemi come lo stress, l'alcol e quelli di mancanza di autostima.

Scrisse un libro nel quale raccontava le sue esperienze con mistici, yogi ed altri saggi, discutendo anche di cristalli e cristalloterapia e di ipnotismo: questo fu sufficiente per farlo licenziare dal suo lavoro come psichiatra e ricercatore presso il Colmey Hatch Mental Hospital e quindi iniziò a lavorare nel suo studio privato in Harley Street a Londra.

Il professor Cannon schedò le risultanze delle sue sessioni ipnotiche ed i suoi esperimenti e dedusse che molte delle fobie vivono ed hanno ragione di essere gia' nelle vite precedenti.

Alcuni casi di pazienti vennero risolti proprio in questo modo, andando indietro nel tempo, e ricordo' che un serio disturbo di un suo paziente trovava la sua natura addirittura al periodo dell'antica Roma

Esaminò quasi 1400 sessioni ipnotiche , esercito' per molti anni, e si espresse in questo modo:
"per anni la teoria della reincarnazione ha rappresentato un incubo per me, ho fatto del mio meglio per negarla.

Eppure, con il passare degli anni un soggetto dopo l'altro, tutti mi raccontato la stessa storia, nonostante convinzioni coscienti diverse e varie.

Attualmente ho studiato più di mille casi e devo ammettere che esiste qualcosa come la reincarnazione.

Come ricercatore devo ammettere che esiste."
(cit. Fisher, 1986.)

E aggiunse:

" *è quindi giusto e doveroso includerla nella psicologia perché si può dimostrare il grande beneficio che molte persone hanno ricevuto attraverso la scoperta di blocchi, paure e fobie che si nascondevano senza ombra di dubbio nelle vite precedenti.*"

Probabilmente quest'uomo potrebbe essere stato condannato ingiustamente da un qualcosa che oggi viene visto sotto un'altra luce, applicava già l'ipnosi regressiva a livello terapeutico, tuttavia venne screditato e la sua carriera rovinata.

Mori nel 1963.

Intorno alla metà del 1950 si trovano già molti dottori che studiavano, attraverso la ipnosi regressiva, proprio la reincarnazione.

Psichiatri come Freud oppure Jung sostenevano che tantissimi problemi a livello psicologico oppure emotivo, le paure ed i dolori erano senz'altro nascosti nella mente inconscia.

Per Freud le radici erano da ricercarsi nell'infanzia, mentre secondo lo psicanalista Otto Rank i problemi potevano essere ancora più antichi, e quindi li ricercava all'interno del grembo materno.

La psicologa, Dottoressa *Edith Fiore*, negli Stati Uniti sostiene che se un problema viene risolto quasi immediatamente attraverso il ricordo di una vita precedente allora ha un senso logico credere che quell'evento effettivamente sia accaduto. (cit Fisher 1986).

Lo psicologo *Arthur Guirdham*, anche esso scettico tanto da essere stato chiamato 'Tommaso il dubbioso' cambiò completamente idea dopo 44 anni di regressione ipnotica e disse:
' se non credessi nella reincarnazione in base alle prove che ho ricevuto, sarei mentalmente difettoso'. (cit. Fisher 1986).

Ma con l'aumento degli ipnoterapisti e della ipnoterapia molti terapeuti si accorsero che i pazienti andavano spontaneamente ed automaticamente in regressione, in vite molto più antiche e non fermandosi all'infanzia , quando si chiedeva loro di andare alla causa del problema.

Ecco che quindi si formò la APTL, ovvero ' Association for Past Life Research and Therapy' a River side, in California, nel 1980.
Circa l'80% delle persone che richiedono una regressione lo fa per eliminare un problema, una abitudine negativa, una fobia, una paura o un problema a livello emotivo, oltre a cercare di comprendere il perché nella vita abbia dei blocchi oppure dei nodi in risolti o delle situazioni che capitano in maniera ciclica.

La cosa interessante è che si sia iniziato a raccogliere materiale, schedandone le esperienze, e si è notato che circa il 72% delle persone che hanno vissuto una esperienza di regressione si è vista fluttuare sopra il proprio corpo mentre il 54% ha visto una luce bianca e quindi in maniera spontanea ci è entrato dentro, altre persone hanno descritto un vero e proprio tunnel.
Ma la cosa più incredibile è che vivendo la esperienza di una vita passata, quella o quelle

vite dove si nascondeva il problema, hanno riscontrato grandissimi sollievi dai loro sintomi presenti in questa esistenza.

Senza naturalmente citare i benefici che si traggono come supporto per il superamento del lutto oppure per superare la paura della morte.

Anche il famosissimo Dottor Raymond Moody era scettico ed attraverso l'ipnosi regressiva visse nove delle sue molte vite e questo lo convertì completamente tanto che divenne poi famoso anche per le sue ricerche sulla NDE, ovvero l'esperienza di premorte.

La Dottoressa *Helen Wambach*, anch'essa scettica, nel 1975 sì approccio anch'essa alla reincarnazione.

Lo fece per la via di cui abbiamo parlato poco sopra, ovvero usando la terapia regressiva.

Sperimentò e studiò attraverso un'analisi scientifica oltre 10.000 volontari e le prove che ottenne vennero definite come 'schiaccianti' a favore della reincarnazione.

Quando le venne chiesto se credeva nella reincarnazione rispose ' non credo nella reincarnazione, lo so!
(Wambach 1978)

Più di recente ricordiamo il famosissimo professor Brian Weiss, che studiò alla Columbia University, laureando sì poi a Yale.

Anche lui nacque come scettico, e come per tanti altri ricercatori, le vite precedenti accaddero si può dire casualmente.

Inizialmente con la paziente numero uno, Catherine, che cominciò a parlare di una vita antecedente all'infanzia ed alla sua presenza nel grembo materno.

Attraverso questi ricordi, molto dettagliati, di persone che non erano più su questa terra da molto tempo, il professor Weiss riuscì a verificareanche molte delle informazioni ricevute, che si rivelarono vere.
Impiegò 24 anni a capire ed accettare quello che lui considera ora una verità semplice, ovvero che non moriamo, la vita non finisce con la

morte fisica, ma siamo immortali, eterni.

Iniziò quindi a studiare questi casi, a catalogarli, e fu coraggioso tanto da portare davanti ai colleghi i suoi studi, rischiando di rovinare così tutta la sua brillante carriera e la fiducia che era stata riposta in lui e nelle sue capacità professionali.

Fortunatamente questo non accade e l'ipnosi regressiva alle vite precedenti divenne una pratica terapeutica che aiutò un numero incredibile di persone, e lo fa tutt'oggi.

Scrisse moltissimi libri, iniziando dal primo nel 1988, un libro che la maggior parte delle persone che crede nella reincarnazione ha senz'altro nella libreria: molte vite, un'anima sola.

Un altro eminente ricercatore, inizialmente completamente scettico, si può identificare nel *Dottor Gerald Netherton*.
Ho citato casi di studio inglesi ed americani ma naturalmente la reincarnazione è stata studiata ovunque, e potrei citare ad esempio la

Dottoressa Russa *Varvara Ivanova*, tenuta in grandissima considerazione, che utilizza la regressione alle vite precedenti come terapia e che quindi si riferisce al reincarnazione.

L'ex scettico *Peter Ramster*, Australiano, scrisse un libro nel 1990 intitolato ' alla ricerca di vite passate' e produsse un documentario televisivo negli anni 80 assolutamente incredibile, dove racconta la storia di quattro donne che non sono mai uscite dall'Australia ma che sotto ipnosi erano capaci di raccontare le storie delle loro reincarnazioni in altri luoghi e con dovizia di particolari.

Ed è che qui mi ricollego alle due storie di due grandissimi ricercatori che hanno veramente fatto da pionieri, dedicando l'intera loro vita alla ricerca della reincarnazione, e parlo del *Dottor Ian Stevenson* e del *Dottor Jim Tucker*.

Vediamo intanto il *Dottor Stevenson*, nato nel 1918 è morto nel 2007, fu uno psichiatra nato in Canada, che fondò la scuola dedicata agli studi percettivi, chiamata in maniera corretta Division of Perpetual Studies, presso la scuola di medicina dell'Università in Virginia, Stati Uniti.

Fu professore di spicco e di fama presso questa Università per mezzo secolo, oltre ad essere stato nominati a soli 38 anni Presidente del Dipartimento di psichiatria , una posizione lavorativa senza dubbio di spicco e di fama, nel 1957 .

Ruolo che ricopri fino al 1967, contemporaneamente fu professore di psichiatria Carlson dal 1967 fino al 2001 , mentre dal 2002 fino alla sua morte fu un professore di ricerca in psichiatria.

Il professore divenne famoso per le ricerche che fece sui casi che considerava interessanti per scoprire cosa si nascondesse dietro alla reincarnazione, e nei suoi circa quarant'anni di lavoro in questo campo a livello internazionale, ha studiato oltre 3000 bambini che affermavano di ricordare le loro esistenze precedenti.

La sua posizione non fu particolarmente gradita agli amministratori del college, come si può immaginare, occupando lui un posto così rilevante come quello che aveva all'interno della struttura di tutto rispetto, quale era l'Università della Virginia.

Ciò che cambiò le sorti del Dottore fu la morte del signor Chester Carlson.

L'inventore del processo di copiatura Xerox lasciò a Stevenson 1 milione di dollari, e parliamo del 1968, a patto che venissero usati per continuare la sua ricerca .

Cosa che il Dottore fece, accettando la donazione e l'incarico, iniziando a crescere inevitabilmente anche allo stesso tempo un numero di detrattori e di scettici, che lo dichiarano quasi un eretico.
Altri invece lo vedevano come un genio, al pari di Galileo Galilei.

Grazie al lascito ricevuto poté dedicarsi a tempo pieno alle sue ricerche, con una grandissima dedizione e con studi meticolosi.
Anch'egli, come abbiamo visto per i suoi colleghi precedenti, pensava che molti disturbi avessero ragioni molto più antiche e che certe

abilità, che a volte noi chiamiamo doni, erano molto difficili da spiegare utilizzando la scienza conosciuta, inclusa l' epigenetica.

Pensava che per certe malattie neanche l'ereditarietà oppure l'ambiente potessero essere la spiegazione della causa.

Ha scritto 14 libri sulla reincarnazione ed ha fatto ampi studi sulle macchie di nascita, sulle voglie e sui difetti a livello congenito che sembra possono corrispondere a ferite delle persone morte di quei bambini si ricordavano.

In parole povere questo significa che molti bambini ricordavano come erano morti nella vita precedente ed allo stesso tempo manifestavano segni sul corpo che potevano avvalorare la descrizione che avevano fatto.

Il professore ha naturalmente ricevuto molte critiche ed avuto molti detrattori, è stato attaccato pesantemente, pur non cercando di convincere nessuno, asserendo solo di aver portato delle prove che dovevano essere prese seriamente.

Sostenne che a favore della reincarnazione esistevano una valanga di prove, che questa possibilità diventava sempre più forte e che le evidenze potevano essere talmente tante che chiunque fosse anche molto razionale poteva credere in questa teoria.

Creò la divisione per gli studi sulla reincarnazione proprio per poter proseguire le sue ricerche per tutti quei fenomeni che non avevano modo di trovare spiegazione a livello scientifico, non con le conoscenze attuali perlomeno, specializzandosi poi appunto nei casi di reincarnazione dei bambini.

Non si spinse mai, tuttavia alla certezza della reincarnazione, e della sopravvivenza dell'anima che si spostava in un altro corpo, fece molta attenzione a no non impegnarsi in certe dichiarazioni, e personalmente credo di comprenderne anche le motivazioni, visti gli attacchi pesantissimi che subì.

Tuttavia ha smontato tutte le critiche che gli sono state rivolte, una dopo l'altra.

Vedremo alcuni casi del professore nel capitolo dedicato alle storie ed ai casi studiati.

Il dottor **Jim B. Tucker** è uno psichiatra infantile e famoso ricercatore nell'ambito della reincarnazione, ma non solo, ed ha preso il posto del Dottor Ian Stevenson quando si è ritirato ed è andato in pensione.

Nato a Goldsboro, nella Carolina del Nord, Stati Uniti, si è laureato in psicologia nel 1982 ed ha terminato la sua formazione medica nel 1986, proseguendo poi una formazione post laurea in psichiatria infantile ed in psichiatria generale.

Anche lui scettico, non aveva mai assolutamente preso in considerazione la possibilità che si potesse nascere nuovamente o che l'anima potesse trasmigrare, ma si è incuriosito dopo avere letto i libri del Dottor Stevenson.

Rimase molto impressionato dei ricordi di questi bambini ma anche dalla possibilità di poterli studiare con un sistema, in una maniera oggettiva e verificabile attraverso tutte le documentazioni che si potevano reperire e attraverso le testimonianze delle persone ancora viventi che avevano assistito alla presunta vita precedente.

Lavora oggi presso l'Università della Virginia ed è stato direttore medico della divisione infantile presso l'ospedale di Charlottesville.

Ha dedicato e dedica la maggior parte della sua carriera a ricercare, esplorare, documentare e schedare i casi di quei bambini che dicono di ricordare le vite precedenti.

Ha scritto diversi libri, tra i quali cito 'life before life: a scientific Investigation of Children's Memories of previous lives'

Inoltre ha rappresentato se stesso in una episodio, di serie di sei, sulla ricerca dei misteri della sopravvivenza, mentre mostrava come si svolge una indagine ed i parametri che vengono utilizzati.

La serie si può trovare su una piattaforma molto famosa, Netflix, mentre la serie di chiama 'surviving death'.

Il dottor Tucker è anche apparso in differenti documentari, ha rilasciato molte interviste per la televisione così come per i giornali, ha seguito il caso di Cameron Macauley, di Sam Taylor e di James Leininger, tra gli altri.

Continua quindi il grandissimo lavoro del dottor Stevenson, che abbiamo visto prima, e che è stato il pioniere in questo campo di ricerca.

L'impegno maggiore del Dottor Tucker è quello di studiare in particolar modo i casi che vengono ricordati negli Stati Uniti.

Questo aggiunge qualche cosa di speciale al lavoro di ricerca che effettua perché è un paese che non crede a livello culturale alla reincarnazione, i casi esaminati risalgono al 1963 fino ad arrivare almeno al 2008.

Nel momento in cui sto scrivendo i casi registrati dai vari ricercatori e dal Dottor Stevenson sono circa 2500, ed uno dei compiti del Dottor Tucker e' oggi quello di supervisionare tutte le informazioni utilizzando il protocollo di verifica ideato dal Dottor Stevenson.

Continua inoltre anche il lavoro di ricerca che include gli aspetti fisici dei bambini, quindi come abbiamo visto prima marchi, segni, voglie, eccetera che corrispondono con i racconti dei ricordi dei piccoli pazienti.

Ha inoltre sviluppato una scala che ha chiamato SOCS e che serve come misurazione, quindi uno strumento a livello quantitativo e che ha utilizzato in circa 800 casi.

Attraverso questo strumento si riesce ad analizzare ad esempio il livello di emozione dimostrato dal bambino mentre racconta la vita precedente, oppure la somiglianza a livello fisico, ma anche ad esempio l'età durante la quale i ricordi si sono manifestati e così via, i già sopracitati segnali fisici e voglie, le valutazioni dei collegamenti possibili tra la vita precedente descritto dal bambino, e diversi altri fattori.

Uno degli aspetti importanti di tutte queste

ricerche rappresenta l'identificazione **di tre fasi uguali per tutti**; queste fasi si possono dividere in:

1. *Fase della morte* durante la quale l'anima assiste a ciò che accade intorno, può assistere al suo funerale e cercare di parlare con i propri cari, ma senza esito.

E spesso in questa fase che molti dei parenti rimasti asseriscono di sentire delle presenze, dei soffi, o comunque un qualche tipo di manifestazione non è spiegabile.

2. *L'anima si sposta da qualche parte, e lì vi rimane.*

Quanto tempo esattamente non lo sappiamo, dai dati emersi da diversi ricercatori sembrerebbe che chi muore di morte violenta, senza terminare il percorso che aveva deciso inizialmente, torna in un nuovo corpo in tempi piuttosto rapidi.

3. La terza fase invece si identifica nella *ricerca della nuova famiglia*, quella che ospiterà il nuovo

bambino, così come il nuovo ingresso nel corpo della futura mamma.

Proprio in merito al tempo di reincarnazione delle morti violente, il dottore suggerisce che circa il 70% dei casi che ha studiato si riferisce proprio a persone che hanno avuto una morte traumatica, in questi casi si potrebbe supporre dagli studi che i tempi possono essere indicativamente di circa 16 mesi.

Naturalmente è un tempo generico ed è quello che è stato riferito dai bambini.

È molto interessante che l'esperienza è identica per tutti i bambini, a prescindere dalle basi culturali.

Sostiene che esistono delle affermazioni da considerare ed i bambini potrebbero dire frasi come:

"Non sei la mia mamma/papà."

"Ho un'altra mamma/papà."

"Quando ero grande, io...avevo gli occhi azzurri/avevo una macchina, ecc.."

"È successo prima che fossi nella pancia di mamma."

"Ho una moglie/un marito/dei figli".

"Una volta ... guidavo un camion/vivevo in un'altra città, ecc."

"Sono morto… in un incidente d'auto/dopo essere caduto, ecc."

"Ricordi quando io…vivevo in quell'altra casa/ero tuo padre, ecc.

(cit. Dottor Jim Tucker – University of Virginia – n.d.r)

Il dottore crede che la meccanica quantistica possa offrire una spiegazione per la sopravvivenza della parte animica.

I bambini descrivono la rinascita in maniera molto semplice, paragonandola ad una caduta traverso un oblò oppure ad un buco.

Vedremo insieme anche altri studiosi mentre descrivo i singoli casi.

Capitolo 8: storie di reincarnazione contemporanee.

Ed eccoci al capitolo delle storie, storie di reincarnazioni recenti che riguardano per lo più il mondo occidentale.

Questi casi possono essere collocati in un periodo storico molto vicino a noi, sia geograficamente che culturalmente.

Navigando su Internet, è evidente quanti individui affermino di aver vissuto il fenomeno della reincarnazione, rinascendo in corpi diversi e sperimentando più di una vita.

La peculiarità di questo fenomeno sta nella capacità di recuperare esistenze passate attraverso il ricordo dei nomi e dei cognomi, avviando una ricerca retrospettiva attraverso testimonianze, documenti, certificazioni anagrafiche e di morte.

Spesso, le informazioni fornite includono anche nomi di persone, familiari, amici, strade o paesi.

Recentemente, sono emerse numerose storie di bambini reincarnati, molti dei quali sembrano provenire dalle vittime degli attentati alle Torri Gemelle.

Alcune di queste storie vengono divulgate con l'uso di nomi diversi dai reali, per rispettare la recente drammaticità degli eventi e la vita dei protagonisti, mentre altre rimangono nascoste, forse per timore di essere giudicate strane.

Nonostante la reincarnazione sia un fenomeno discusso in modo più aperto rispetto ad alcuni anni fa, molte persone non si sentono completamente a proprio agio a dichiarare pubblicamente di vivere esperienze simili.

Per rispetto e per preservare la privacy, anch'io userò nomi di fantasia mentre racconto queste storie dove lo è stato esplicitamente richiesto.

Iniziamo con una raccolta di storie brevi, non verificate, raccontate dai bambini alle loro mamme e famiglie.

L'11 settembre 2001 è un evento indelebile per tutti noi, ma ciò che risulta incredibile è che alcuni bambini nati anni dopo ed a migliaia di chilometri di distanza, senza aver mai visto video o sentito storie della tragedia, ricordano dettagliatamente le loro vite nelle torri.

Ricordano nomi, cognomi, luoghi e piani, spesso descrivendo come sono morti.

Questi bambini son troppo piccoli per conoscere la storia o accedere a video o fotografie, avendo appena tre o quattro anni.

Sebbene la fantasia sia comune nei bambini piccoli, è sorprendente la dettagliatezza di queste 'fantasie'.

Segue una raccolta di racconti di persone comuni, che hanno figli o nipoti, su esperienze che non hanno mai dimenticato.

Prima però so che alcuni di voi che leggono questo libro potrebbero domandarsi perché questo mio interesse nella reincarnazione, oltre per lo studio dei casi che vivo ogni giorno attraverso l'ascolto delle storie che arrivano con l'ipnosi regressiva e che chiaramente stimola la mia curiosità.

Molti non sanno che io stessa ho rivisto una serie di vite precedenti che mi si sono manifestate in maniera spontanea, molti anni fa, ed in età adulta.

Una di queste vite mi capitò spontaneamente ed in maniera anche abbastanza violenta quando mi trovavo a Parigi.

È una città che ho amato molto e che non ho mai avuto difficoltà a girare senza utilizzare cartine o guide.

Per motivi professionali ho trascorso circa quattro anni in questa meravigliosa città.

Passeggiavo agli Champs Elysees in piena estate, era una bellissima giornata e c'erano come sempre molti turisti, quando improvvisamente dovetti sedermi su una pietra, dopo che ero diventata molto pallida e mi ero sentita svenire.

Avevo avuto come un giramento di testa quando rividi mi stessa, in un corpo da uomo, che correva per quella stessa strada, molto prima che gli Champs Elysees fossero stati costruiti: fino al 1667 in origine erano orti e campi.
Mi vidi quindi correre per queste strade che erano battute e polverose avendo un paio di pantaloni di colore nero che arrivavano alle ginocchia e li si stringevano , dei calzini che ricordo di colore scuro che arrivavano alle ginocchia, forse era una calzamaglia, e delle scarpe nere di cuoio impolverate .

Mi vedevo guardare verso il basso mentre le gambe erano in piena corsa, non vedevo le mani ma so che avevo un qualche cosa, un bastone oppure un forcone o un'arma rudimentale.

Eravamo in tanti, andavano in direzione del Louvre, sentivo i suoni e la concitazione del momento, l'adrenalina e la confusione, il coraggio e la determinazione e so che venni trucidato in quel luogo, insieme a molti altri.

Impiegai un momento per riprendermi perché era stato tutto molto vivido e reale e, fino a quel momento, non mi era mai capitata una situazione del genere.

Mi misi quindi alla ricerca a livello storico di ciò che avevo potuto vedere e compresi che avevo rivissuto la notte di San Bartolomeo, nota anche come massacro di San Bartolomeo, avvenuta tra la notte del 23 ed il 24 agosto del 1572, ai danni degli ugonotti.
Un'altra esistenza si è manifestata in un modo molto particolare e mi ha fatto riflettere sulla natura del tempo: vidi questo bambino, o bambina, completamente nudo e rannicchiato sotto ad una pianta dalle foglie larghissime, mentre pioveva a dirotto.

L'unica cosa che indossava era una cavigliera di filo alla gamba destra.

Completamente zuppo dalla pioggia , aveva il classico taglio di capelli degli indios della foresta amazzonica.

Si girò, ed i suoi occhi, neri e penetranti guardarono diritti dentro ai miei.

Restando così per quello che poteva essere un attimo oppure un lungo momento, so che i nostri sguardi si fusero insieme.

Io non so se mi vide oppure se mi percepì, so che eravamo lì entrambi, nello stesso momento, eravamo la stessa persona, i luoghi, i tempi e gli spazi diversi.

Una sensazione difficile da spiegare e che ricordo in maniera molto viva ogni volta che ricordo l'esperienza.

Anni dopo mi recai in Amazzonia e fu come ritornare a casa.

Un'altra vita invece si manifestò, e continua a farlo, ascoltando un pezzo di musica classica, di Pachelbel, il canon in D maggiore.

Ogni volta che ascolto questo pezzo mi ritrovo bambino in un tempo antico in Austria, in una casa molto elegante dove c'era un salone danzante, credo nel 18.mo secolo.

Mi vedo scendere, ho sei o sette anni, ed un paio di pantaloncini corti che arrivano alle ginocchia: corro giù dalle scale di marmo, c'è un giardino molto curato, con delle belle fontane.

Corro fino in fondo e giro a destra entrando in un meleto, mi chino correndo per superare degli ostacoli dovuti ai rami ed in quel punto sempre il ricordo si interrompe.

Vissi prima dell'età della pietra, coperto di pelli, in un luogo molto freddo e coperto dalle nevi e dai ghiacci.

La mia famiglia uccisa dagli uomini di un'altra

tribù, io che ho deciso di vivere tutta la mia vita da solo, arrivando all'età di 57 anni.

Non sentii mai la solitudine, fui forte e sano, mi nutrì della cacciagione e delle bacche che potevo raccogliere in primavera mentre sentivo le pelli sul mio corpo e l'erba molto fredda sotto ai piedi, coperti da calzature rudimentali.

Era un luogo molto freddo e molto inospitale.

Da quella vita riemersa, vissuta con l'unico ausilio di un bastone appuntito, volle chiedere al mio collega ipnologo di lasciare un messaggio, voleva soltanto che oggi si sapesse che un uomo di nome Grõun era esistito.

Vissi una vita come donna indiana, in un villaggio che era sotto attacco ed un mio compagno, che riconobbi in un mio caro amico in questa vita, mi sollevò sul suo cavallo e mi salvò.

Ci sarebbe molto da raccontare in merito a questa storia perché il mio amico ha gli stessi ricordi che ho io e li scrivemmo su foglio ciascuno, separatamente, proprio per non farci influenzare gli uni dagli altri e poi li confrontammo, con enorme sorpresa per la precisione dei dettagli.

Queste sono solo alcune delle vite che ricordo, che però diedero l'input alla mia ricerca.

8.1 - Storie brevi.

Ho pensato di inserire quindi una raccolta di questi racconti lasciando a voi il pieno giudizio, così come per tutto il mio libro.

Sicuramente credo che ci siano molte storie su cui meditare.

È interessante come abbiamo già notato che i racconti di bambini che ricordano vite precedenti spesso emergono intorno ai tre anni, un'età in cui l'innocenza si combina con la capacità di linguaggio per esprimere meglio storie o memorie.

E che invece si rappresenta 'l'età di arrivo, ovvero quella durante la quale si dimentica e si smette di parlare di questi possibili ricordi, intorno ai 6-7 anni di età.

Forse iniziano a crescere ed a farsi sentire quegli schemi e quelle sovrastrutture mentali ed i filtri posti dalla società, dalla scuola, dall'educazione, dalla famiglia.

Di seguito troverete alcuni racconti brevi fatti da persone comuni, che hanno figli o nipoti comuni, e sono avvenimenti che non hanno mai abbandonato la loro memoria.

Alcune di queste persone si sono sentite di condividerle, ma molte altre, in tutto il mondo, hanno preferito o preferiscono mantenerle per sé, spesso per timore del giudizio altrui.

E' una raccolta dell'occidente, prevalentemente ricordi ed esperienze accadute negli *Stati uniti.*

Ecco quindi, alcune storie brevi raccontate da persone come me e come voi, esperienze che non hanno mai dimenticato:

Alcune storie riguarderanno:
una madre che racconta che sua figlia di tre anni le ha rivelato dettagli sulla sua vita passata, menzionando una madre precedente che la picchiava.

Un'altra madre narra di sua figlia, sempre di tre anni, che parlava di un matrimonio passato e di un amato cane.

Un bambino di quattro anni racconta alla madre di essere stato un giovane agricoltore, morto in un incidente in moto.

Un altro racconto parla di un figlio che, a due anni e mezzo, ricorda di essere stato una gitana durante la Seconda Guerra Mondiale, con dettagli vividi sulla paura dei soldati tedeschi.

Alcuni racconti riguardano l'uso di parole inaspettate, come un bambino che, a 15 mesi, indicava l'acqua usando una parola filippina, svelando così una connessione con una vita passata.

Un nipote di *Kathy*, a tre anni, durante una malattia grave, parlò di andarsene ma cambiò idea, spiegando che sarebbe tornato comunque, desiderando rimanere con la famiglia attuale.

Queste storie, sebbene non verificate, offrono spunti di riflessione su esperienze misteriose e, forse, suggestive di una continuità oltre la vita attuale.

Judy racconta che sua figlia di tre anni, Jane, le ha detto: "Mammina, ti voglio tanto bene.

Tu sei buona, non come la mamma che ho avuto prima.

Sai che lei mi picchiava?
Mi picchiava ogni giorno.
Un giorno mi ha picchiato così tanto che mi ha uccisa."

Laureen, mentre leggeva la storia della buonanotte a sua figlia di tre anni, ricevette uno sguardo significativo.
La piccola disse: "Mamma, quando ero molto più anziana ed ero sposata, avevo un cane bellissimo.

Era un compagno straordinario, e facevamo lunghissime passeggiate."

Successivamente, chiese di continuare a leggerle la storia, come niente fosse accaduto.

Quando le feci altre domande, mia figlia rispose di non avere idea di cosa le stessi chiedendo.
Sembrava che una finestra si fosse aperta per pochi attimi, solo per richiudersi nuovamente.

Mary, una bambina di tre anni, un pomeriggio disse alla mamma: "Ero in un altro posto, diverso da qui, strano, e non avevo la mamma.

Poi ho deciso che tu potevi essere la mia mamma, e ho aspettato."

A questo punto, il viso della bambina si fece triste: "Ho aspettato tantissimo, davvero tanto, ma poi finalmente sono stata felice perché anche tu hai deciso di essere la mia mamma."

Jennifer, la mamma di Mary, racconta questa storia con molte emozioni, ricordando le gravidanze non riuscite prima di diventare finalmente mamma.

A quattro anni, *Jack* iniziò a raccontare a sua mamma di un'altra vita come giovane agricoltore, fornendo il nome e cognome.

Spiegò che la sua famiglia aveva una fattoria e che uscì a fare una gita in moto.

Continuò dicendo: "Caddi, picchiai la testa, mi feci male e improvvisamente morii, ero un adolescente.

La mia mamma in quel tempo soffrì molto, tanto che poco dopo mi seguì e successivamente fece lo stesso il mio papà."

Diana racconta che suo figlio, ora adulto, parlava di una vita passata come *Edward* adolescente nel 1862, ma questi ricordi svanirono improvvisamente dopo tre anni.

Karen, mostrando sua figlia di sette anni, racconta che la bambina a due anni e mezzo ricordava la vita passata, dicendo:
"Ti ricordi quanto ci piaceva il cane marrone e bianco, dove abitavamo nell'altra casa, quando io ero tua mamma?"

Jody parla del nipote che, a 15 mesi, usava parole misteriose, rivelando poi di parlare indonesiano.

Mia figlia iniziò a parlare inglese a quasi due anni, smettendo di usare tutte le altre parole.

Tony, mostrando sua figlia che oggi ha sette anni, racconta che quando aveva circa due anni e mezzo e stava accarezzando il gatto di casa, sorrise dicendo 'ti ricordi quanto ci piaceva il gatto dove abitavamo nell'altra casa?'.

Poiché mia figlia è nata in questa casa, subito non capii a cosa si riferisse e cosa stesse dicendo.

Quando le domandai stupito, mi rispose: 'ma come non ti ricordi, la casa, quell'altra, il paese. Avevamo quel gatto bianco dal pelo lungo, non ricordi che passavamo tanto tempo a coccolarlo.

Tu oggi sei mio papà, ma in quell'altra vita tu eri mia sorella, la sorella più piccola'.

Oggi, a distanza di circa cinque anni, ricorda ancora questo fatto, ma allo stesso tempo non ricorda di avermelo raccontato ed è molto protettiva nei miei confronti.

Victoria racconta:
mia figlia ha cominciato a tre anni a raccontare una storia che le metteva un po' ansia: diceva di essere una ragazzina appartenente a una famiglia di zingari, ricordando dettagliatamente le scarpe stringate, gli abiti dismessi, e continuando sempre a raccontare la stessa storia, dicendo che aveva molta paura dei soldati tedeschi e che si era nascosta all'interno di una cavità presente all'esterno di una casa di colore bianco.

Il cuore le batteva così forte che aveva paura che i soldati lo potessero sentire.

Aveva soltanto tre anni ed in casa non si parlava di queste cose, fa parte di una storia che in fondo non ci appartiene; quindi, non sono argomenti che vengono trattati in casa.

Ora, a quasi sette anni, non ne parla più, spiega Victoria.

Susan parla del nipote, che aveva 15 mesi e le uniche parole che diceva erano 'mamma e papà'.

Racconta: 'Capitava che andasse a prendere degli oggetti e tornasse ripetendo delle parole, che noi credevamo fossero inventate.

Un giorno eravamo al parco quando mio nipote aveva chiaramente sete e ci indicava dell'acqua usando una delle sue parole speciali.

Una signora che era al parco con noi fece un'espressione stupita e mi disse 'come mai suo nipote parla il Filippino?

Non capivo che cosa intendesse fino a quando mi spiegò che la parola usata da mio nipote era una parola che veniva usata nel suo paese, le filippine, proprio per indicare l'acqua.

Scoprimmo così che le parole che veniva ad indicarci avevano un senso.

Iniziò a parlare l'inglese a circa due anni dimenticando l'altra lingua.

Spero di poter portare mio nipote nelle filippine l'anno prossimo.

Simon spiega che suo figlio, quando ebbe tre anni, si ammalò seriamente e durante questa sua malattia fece un discorso molto particolare: disse che aveva voglia di andarsene ma poi ci ripensò perché mi spiegò che se fosse andato 'via' gli sarebbe poi toccato ritornare comunque, rinascendo di nuovo, ma con una famiglia diversa e questo non lo avrebbe reso felice perché in questa famiglia aveva trovato la migliore mamma ed il miglior papà tra tutti quelli che aveva avuto.
Nonostante non abbia mai creduto in queste cose, ho avvertito la sensazione che in situazioni particolari, come una malattia o un incidente,

potremmo avere la possibilità di scegliere, una sorta di potenziale 'uscita'.

Specialmente quando non è il nostro momento, le guide sembrano sempre consigliarci, almeno secondo il mio pensiero, quello che ho riflettuto sulla storia che ho vissuto con mio figlio, e su cui rifletto spesso anche a distanza di più di 20 anni.

Joan, invece, descrive i racconti del figlio, che a quasi quattro anni le ha raccontato di essere stata una signora quando era grande.

Aveva un bambino piccolo e ne aspettava un altro.

Vivevano in un luogo chiamato Londra, aspettavano sempre il papà che tornava dal lavoro attraverso la porta principale.

Diceva di divertirsi a guardare l'accensione dei lampioni per le strade alla sera.

Lesley racconta le esperienze di sua figlia intorno ai 3-4 anni, anche se il primo racconto si manifestò verso i due anni.

A quel tempo, cercò di parlare di una vita precedente prima di nascere, e quando la mamma le chiese com'era quel posto, lei rispose che era bellissimo, ma stava iniziando a dimenticare.

Intorno ai tre anni, raccontò di 'guidare gli aerei in un'altra vita', essendo stata un pilota, e aggiunse commossa che le mancavano molto il figlio e la moglie.

Verso i cinque anni, disse che aveva scelto di rinascere per rivivere l'esperienza di essere bambino, ma si sentiva triste perché il tempo passava troppo velocemente.
Melissa racconta di suo figlio a quattro anni, piangendo spesso per la mancanza delle tre sorelle, anche se in realtà aveva solo un fratello.

Menzionò di essere stato un soldato coinvolto in un incidente stradale fatale.

Piangeva per le sorelle fino ai sette anni, quando smise improvvisamente di parlarne, dimenticandole.

Anne racconta di sua figlia a tre anni durante un bagno, quando la bambina parlò di prendere il pullman per una gita, nonostante non fosse mai stata su un bus.

La bambina sostenne che lei e la sua "mamma di prima" avevano fatto un viaggio indimenticabile proprio su quel bus, lasciando *Anne* sconcertata.

Cheryl invece spiega come suo figlio all'età di tre anni un giorno disse a sua madre che prima era stato un cucciolo, poi era cresciuto nel corpo di un bel cagnolone e che le persone della famiglia lo aiutavano a salire dove non riusciva da solo.

Poi un giorno è uscito dal corpo del cane e adesso è dentro il corpo di un bambino.

Jenny invece è una mamma australiana che racconta la storia di suo figlio *Paul*.

Inizia chiarendo che a due anni e mezzo suo figlio si esprimeva già molto bene e che quindi quello che ha raccontato non poteva essere confuso con niente altro.

Il bambino e la sua famiglia si erano trasferiti da poco in una zona nuova, ed anche la casa era assolutamente nuova, e si trovava in un'area dove passavano molti aerei della aeronautica reale australiana (RAAF n.d.r.).

Racconta - mio figlio un giorno guardandomi mi disse che in quel posto, vicino agli aerei, lui era volato via, che un uomo gli aveva fatto del male e lo aveva portato via dalla sua famiglia.

Disse che lo aveva morsicato ad un braccio poi lo aveva portato via su un furgone.

Poi improvvisamente si sentì leggero e non era più un bambino.
Io lo ascoltai senza fare commenti ma qualche tempo dopo arrivammo di fronte ad un negozio dove c'era parcheggiato un furgone degli anni 80 di colore rosso e mio figlio ebbe una vera e propria crisi di panico, che non aveva mai avuto prima.
Disse che lui era l'uomo, l'uomo che era dentro al furgone rosso, quello che lo aveva rapito e poi lo aveva ucciso.

Era decisamente molto turbato, io ero nuova-mente ad ascoltare tutto senza intervenire più di tanto perché lo vedevo che era veramente mol-to agitato e l'unica cosa che feci fu quella di calmarlo.

Qualche tempo dopo guardando la televisione scoprimmo che un uomo era stato arrestato perché si era riaperto un caso risalente ad 11 anni prima dove un bambino era stato rapito e poi era stato ucciso, era un bambino molto piccolo.

L'uomo lavorava nei pressi della RAAF ed in quel periodo guidava un furgone rosso come quello indicato da mio figlio.

Ma la cosa ancora più inquietante, se è possibile, è che l'uomo venne riconosciuto dall'impronta dei denti che lascio' quando morse il braccio del bambino.

Il processo a quest'uomo iniziò poco prima che mio figlio compisse tre anni e Paul smise completamente di parlare di questo evento da un giorno all'altro.

Questa storia invece arriva dalla Finlandia dove la signora *Helmi* ha raccolto le storie di suo figlio di 3 anni *Mikko* il quale le ha detto di aver vissuto negli Stati Uniti, raccontandole di una cittadina molto piccola, che sulla cartina durante le ricerche sembrava veramente sperduta nel nulla.

Ricordò il suo nome quale *Adam James Farrell* ed indicò anche il nome nella via nella quale viveva.

Spiegò che venne ucciso con un colpo di fucile nel 1994 all'età di 20 anni dal vicino che era molto amico dell'alcol e di carattere molto nervoso.

Venne chiamata un'ambulanza da dei vicini ma la sua vita terminò durante il tragitto verso l'ospedale.

Disse anche un paio di cognomi dei vicini di casa, ed una di queste persone era un insegnante di nome *Mary*, una persona molto educata e gentile.

Naturalmente ho molti altri dettagli ma siccome il bambino ha cominciato recentemente a raccontare questi episodi, li sto raccogliendo uno ad uno, sperando di poter poi avere aiuto per cercare di ricostruire tutta la storia.

Una curiosità: non siamo stati mai negli Stati Uniti, ne è un argomento del quale parliamo in casa ne è comune qui in televisione.

Riss White

Riss White ha condiviso un'incredibile storia raccontata dalla sua figlia di 4 anni, che ricordava di aver lavorato alle Torri Gemelle l'11 settembre nella sua vita passata.

Mentre guardava un TikTok, Riss ha spiegato che sua figlia, nonostante la giovane età, ricordava dettagli degli eventi tragici avvenuti.

Indicando la Torre Nord, la bambina ha detto: "Ehi mamma, lavoravo lì".

Senza specificare il momento, la piccola ha descritto di essere rimasta sulla scrivania a causa del calore del pavimento, di cercare di entrare dalla porta con le amiche ma non era possibile e poi di saltare fuori dalla finestra e volare come un uccello.

Sebbene si possa ipotizzare che la bambina abbia ottenuto informazioni da qualche fonte, la natura dettagliata della storia sfida l'idea di un'invenzione, sollevando domande intriganti sulla reincarnazione e sulle connessioni geografiche, come teorizzato da Tucker.

Sempre legato all'11 settembre c'è una storia di un bambino, il figlio della signora *Lucy*, che non ha mai voluto rivelare il nome del bimbo.

Il bambino, che chiameremo *John*, poco prima

dei tre anni inizio a dire a sua mamma che lui aveva lavorato in un edificio alto alto ed era un muratore.

Quando il bambino vide le fotografie delle torri gemelle le riconobbe immediatamente e non soltanto perché fu capace di individuare perfettamente la finestra della quale vide il fatto accadere ma perché stava lavorando proprio lì.

Il bambino raccontò alla mamma che senti e vide l'edificio cadergli addosso e che il suo corpo è ancora là.
Questo fatto è possibile perché moltissimi corpi non furono più ritrovati.

8.2 Serie di casi verificati.

Ci sono poi casi verificati oltre ai casi non verificati.

I primi permettono di aggiungere materiale ai ricordi, che può essere in forma di foto, testimonianze, documentazioni, certificazioni, certificati anagrafici e/ o di morte, e così via, materiale atto alla ricostruzione del caso.

Questo avviene prevalentemente quando con i ricordi riappare anche il cognome ed alcuni altri dettagli quali la città o il luogo di nascita o comunque attraverso elementi chiaramente identificativi.

Non possono invece essere verificati tutti quei ricordi di una vita precedente che non permettono di ricostruire la storia o la vita dei protagonisti perché, al contrario dei casi precedenti, non si riesce a ricordare i dati fondamentali della persona, principalmente partendo dal nome.

Sebbene la maggior parte dei casi di regressione inizia a manifestarsi nei bambini, ci sono casi di persone che hanno cominciato a ricordare dopo i cinquant'anni d'età, i ricordi hanno cominciato ad affiorare in maniere differenti che potevano variare da sogni oppure da stati semi ipnotici o attraverso la meditazione guidata così come la regressione alle vite precedenti.

Ma altri frammenti di ricordi possono apparire anche durante la veglia oppure a livello intuitivo e non necessariamente visivo.

Thomas

Ad esempio la storia di Thomas che all'età di tre anni rispose con tono deciso a sua mamma, la signora *Rachel Nolan*, che non avrebbe voluto essere un vigile del fuoco, perché lui lo era sempre stato e lo era anche in quel momento.

La mamma e tutta la famiglia erano chiaramente piuttosto confusa e sorpresa da questa risposta, soprattutto quando il bambino continuò raccontando che era abituato ad alzarsi presto al mattino ad andare a lavorare poi quando arrivava a casa la sera si toglieva la divisa da vigili del fuoco.

Un'altra cosa molto strana di questa storia è che il bambino raccontò che aveva con se' un'accetta e che era di abitudine usarla per vedere se c'era il fuoco dietro i muri, e spesso doveva anche verificare se il luogo era troppo pericoloso a causa dei danni.

Strano, molto strano e la famiglia era alquanto perplessa ascoltando questi racconti, anche perché spesso erano particolarmente dettagliati.

La signora Nolan pensò semplicemente che fossero chiacchiere di un bambino con tanta fantasia, la classica immaginazione.

Tuttavia un giorno Thomas vide un'immagine delle torri gemelle è stato in piedi dicendo "e' qui e qui!

E qui che quelle persone cattive hanno bruciato i due edifici e le persone non potevano far altro che saltare giù.
C'erano le persone che aspettavano noi, i vigili del fuoco, mi aspettavano, ma io non ho potuto fare piu' niente per aiutarli."

Fu a quel punto che il bambino inizio anche a dare dei dettagli molto precisi in merito al modello del camion usato dai vigili del fuoco quel giorno a New York, un Ford Johnson R8. Tutti i dettagli che quel bambino così piccolo non avrebbe potuto sapere da solo.

Cade.
Invece *Milly*, madre di un bambino di tre anni di nome Cade, nato nel 2004 ed in grado di con-

versare con gli adulti già all'età di un anno e mezzo, racconta che suo figlio ha cominciato a svegliarsi di notte urlando, cercando di descrivere un aereo che si schiantava contro un alto edificio, con lui che cadeva nel vuoto.

Prima di questo periodo, Cade non aveva mai avuto problemi di sonno, dormendo tranquillo per lungo tempo.

La storia di Cade è uno dei resoconti più dettagliati di bambini che si autoproclamano reincarnati dopo gli eventi delle Torri Gemelle.

Quando aveva un anno, urlava dopo il risveglio:
"Cade, la Statua della Libertà cade!" e menzionava qualcosa sulla sua gamba rotta.

Inoltre, Cade manifesto' una paura particolare degli aeroplani, tremando di terrore quando ne vedeva uno nel cielo.

Il bambino ricordo' di vedere il famoso simbolo di New York dal suo "ufficio" e addirittura il nome di chi sostiene di essere stato nella vita precedente: il signor *Robert Pattison*, noto come Bob.

I dettagli forniti comprendevano il nome di una vittima di 40 anni (Robert E. Pattison), un uomo d'affari che lavorava al 110° piano.

Fin da piccolo, parlava di aerei che cadevano dal cielo e si schiantavano contro gli edifici, ricordando vividamente di essere caduto.

Come può un bambino di tre anni ricordare dettagli di situazioni mai discusse, mai viste e verificatesi in un luogo distante da casa sua?

È difficile spiegare queste esperienze, soprattutto quando Cade ha sviluppato una paura intensa degli aeroplani ingiustificata.

E poi, dopo gli aeroplani iniziò con gli edifici molto alti, semplicemente non riusciva a guardarli.

Entrambi i genitori trovavano scuse per ciò che il bambino diceva, attribuendolo alla sua personalità fantasiosa.

Tuttavia, ad un certo punto, non poterono più nascondersi e accettarono i racconti del bambino come una possibile vita precedente.

Il bambino raccontò di trovarsi all'interno di quell'edificio quando qualcosa lo colpì, e poi l'edificio esplose, ed a quel punto lui è caduto.

Fu come se tutti i pezzi si mettessero insieme di colpo, come un puzzle: gli aerei, l'edificio alto, questa persona che era al World Trade Center.

Raccontò di aver visto una cosa argentata avvicinarsi, poi l'aereo che colpì l'edificio e rimase incastrato; poi raccontò che, mentre cadeva nel vuoto, era ancora vivo, poi qualcosa lo colpì, forse dei detriti, ed a quel punto non sentì più nulla perché era morto.

La mamma racconta che si sentì veramente triste per lui perché non poteva immaginare come un uomo potesse essere passato attraverso un'esperienza simile, come si sia sentito.

Ancora a maggior ragione, come si sentisse un bambino a ricordare tutto questo.

A quel punto iniziò anche a chiedere alla mamma di cambiargli il nome perché il suo nome non gli piaceva.

Molly iniziò a fare delle ricerche su Internet, consultando anche forum che trattavano di storie simili.

Chiese aiuto ad altre persone, e una signora rispose dicendo che c'era una persona sulla torre morta durante l'attacco, la conosceva, e tutta la storia sembrava la fotocopia di quello che il bambino le aveva raccontato.

Chiaramente, la signora era sotto shock e sentì di dover dire tutto ciò che aveva appena scoperto.

Iniziò quindi a cercare ulteriori informazioni su Internet, avendo adesso un nome, anche nei siti, cercano i testimoni, ed il materiale tra le fotografie, ma non pensò mai di contattare la famiglia della vittima, sicuramente ancora traumatizzata dell'evento.

Continuò a cercare altre informazioni, soprattutto per aiutare il figlio a superare quel trauma.

Ma cosa dici a un bambino di quell'età, soprattutto perché è di fronte a te, vivo, mentre ti racconta di essere morto?

Continuando le ricerche, scoprì che era quell'uomo, trovò il suo viso e conobbe la storia.

Il bambino ora nel presente ha chiaramente dei problemi, perché nel vicinato non tutti accettano la sua storia e pensano che possa essere un bugiardo.

Alcuni ridono di lui, altri non vogliono mandare i propri figli a giocare con Cade.

Anche le maestre non sono mai state molto entusiaste, perché questo bambino chiaramente racconta la sua storia e non viene creduto.

Questa cosa è veramente dolorosa per lui.

La famiglia portò Cade sul sito del 911 World Trade Building e rese omaggio alla sua lapide, permettendogli di mettere da parte la sua vita passata e accogliere di nuovo questa nuova esistenza.

Non era mai stato a New York prima di allora, non in questa vita almeno.
E smise davvero di avere paura degli aeroplani e degli edifici alti, eliminò completamente la paura

della sua vita precedente e accettò nuovamente quella nuova.

Nel reality show "Ghost Inside My Child", il bambino di 10 anni Cade ha incontrato un suo ex collega di lavoro ed è tornato a parlare di alcune circostanze dell'incidente dell'11/9, scioccando chi ascoltava.

Ha detto che l'aereo ha colpito un edificio alto ed è rimasto bloccato lì.

Poi racconto che cadde da un edificio alto, e presto perse conoscenza, fu sepolto tra le macerie.

Molly ha detto: "Come madre, sono molto preoccupata che lui sia così giovane e si preoccupi così tanto della morte e dell'esperienza della morte.

Ma mi dice sempre che non moriremo, che continuiamo a vivere e che ora per questa esperienza ha scelto me.

Sebbene molti dei tanti fatti forniti da Cade non siano stati verificati, alcune informazioni lo sono state, rivelandosi esatte, sono più che abbastanza da far credere ai suoi genitori che Cade fosse in qualche modo lì in quel fatidico giorno.

Cade ora sta crescendo, gioca a pallone e pian piano si sta cominciando ad abituare al suo nuovo corpo e alla sua nuova vita.

Un altro caso che ha fatto scalpore, nonostante i numerosissimi casi degli ultimi decenni sui bambini piccoli che ricordano le vite precedenti, è stato quello di **James Leininger**, i cui genitori si chiamano Bruce e Andrea Leininger e vivono in Louisiana.

Questo bambino americano all'età di due anni cominciò ad avere brutti sogni, veri e propri incubi che avevano sempre il medesimo soggetto: un incidente aereo.

Ricorda di essere stato un pilota americano che durante la guerra venne abbattuto con il suo aereo dai giapponesi.

Il bambino era veramente piccolo, ma fornì una serie di informazioni con dovizia di particolari, inclusi il nome della portaerei americana, il nome e il cognome di un suo amico che era con lui sulla nave e una serie di dettagli incredibili, incluso il luogo preciso dove accadde l'incidente mortale, che era in mare aperto.

Partiamo dall'inizio: tutto cominciò quando James, all'età di 22 mesi, si recò con la famiglia a visitare un museo di aeroplani a Dallas e ne rimase affascinato.

Tornarono nuovamente allo stesso museo più tardi, e nella primavera successiva, il bambino si dimostrò di nuovo eccitato all'idea di poter vedere gli aeroplani.

Entro due mesi dal primo viaggio, James sviluppò un'abitudine particolare: dire 'aeroplano caduto, in fiamme', sbattendo più volte un aeroplanino giocattolo sul tavolo della colazione.

Ripeté questo atteggiamento molte, moltissime volte fino a che il tavolo fu coperto di graffi.

A James piaceva molto l'idea che suo padre avesse un lavoro che lo faceva girare ma ogni volta che suo padre doveva andare in aeroporto, James aveva l'abitudine di dirgli nuovamente 'papà, aeroplano caduto, in fiamme'.
E poi cominciò ad avere incubi, svegliandosi urlando sempre la stessa frase e aggiungendo 'il piccolo uomo non può uscire'.

La frase completa con il tempo divenne 'incidente aereo! Aereo in fiamme! Piccolo uomo non può uscire'.

Questa situazione continuò per diversi mesi fino al momento in cui parlò con i suoi parenti e spiegò loro che ciò che diceva si riferiva a una vita precedente, in cui quell'uomo era stato colpito dai soldati giapponesi e fatto precipitare.

Aggiunse qualche tempo dopo che si trovava su un Corsair, un aereo da guerra costruito durante la Seconda guerra mondiale, e parlò di questo aereo diverse volte.

Quando il bambino raggiunse l'età di 28 mesi, precisamente il 27 agosto del 2000, disse di aver pilotato quell'aereo fuori dalla portaerei chiamata Natoma.

Il padre decise di fare delle ricerche e scoprì che effettivamente esisteva la USS Natoma Bay e che corrispondeva esattamente a ciò che il bambino diceva di essere: una portaerei che stazionò nell'oceano Pacifico durante la Seconda guerra mondiale.

Stampò quindi tutte le informazioni che trovò mentre nel frattempo i genitori chiedevano al bambino quale fosse il nome del "piccolo uomo", come lo chiamava lui, e le risposte che ricevevano erano sempre "ero io".

Per alcune settimane, il bambino continuò a parlare della portaerei, e quando i genitori gli chiesero se ricordava il nome di qualcuno presente con lui, egli rispose con incredibile naturalezza che si trovava con Jack Larsen.

Quando James aveva circa due anni e mezzo, si trovava con suo papà, che stava sfogliando un libro che voleva regalare a suo padre per Natale, e il bambino mostrò una foto con il dito dicendo "quello è il posto dove il mio aeroplano è stato abbattuto, sì papà, è lì che è stato abbattuto", mentre nell'immagine si vedeva il monte Suribachi sullo sfondo.

Il padre di James, riuscito a rintracciare un veterano della Natoma Bay, gli domandò se conosceva qualcuno chiamato Jack Larsen.

L'uomo gli rispose che Larsen volò un giorno e per cosa ricordava non rientrò, e nessuno seppe mai che cosa gli accadde, almeno per cosa ricordasse lui.

A quel punto i genitori erano sempre più interessati a capire cosa stesse accadendo al loro bambino perché ciò che veniva raccontato sembrava sempre meno appartenere al mondo della fantasia.

Fu così che contattarono *Carol Bowman*, che si era occupata in precedenza di scrivere dei libri che parlavano dei ricordi di vite precedenti dei bambini.

Iniziarono così una lunga corrispondenza, nella quale venne suggerito ai genitori di rapportarsi al bambino con tranquillità e naturalezza, spiegando che gli eventi che stava ricordando erano appunto soltanto ricordi e che nella vita di oggi non avrebbero potuto fargli alcun male; adesso era assolutamente salvo ed al sicuro.

A partire da quel momento, il bambino ebbe sogni un po' più tranquilli, e le visioni divennero meno frequenti.

Quando James divenne più grande e capace di fare dei disegni, iniziò a rappresentare centinaia di scene di battaglia che avevano a che fare con gli aeroplani e si firmava sempre James accompagnato da un numero tre.

Chi sono quindi le immagini che il bambino rappresentava?

Che cosa voleva dire il numero tre?

Il bambino rispose: tre perché lui era il terzo James e continuò a fermarsi allo stesso modo anche dopo il compimento dei suoi quattro anni, quindi quei tre chiaramente non si riferivano alla sua età.

Si fece strada l'idea che il bambino si chiamasse James terzo perché il pilota morto in guerra si chiamava James junior.

È più o meno in questo periodo che i genitori rilasciarono l'intervista che non venne mai mandata in onda, ma che il ricercatore ebbe modo di vedere.

In quel momento il pilota non era ancora stato identificato.

Nel frattempo, il padre di James venne a conoscenza che il pilota Larsen, inizialmente dato per disperso dal veterano di guerra, in realtà era sopravvissuto.

Decise quindi di andarlo a trovare e durante questa visita scoprì che solo un pilota, di 21 anni, morì.

Il suo nome era James M. Huston Jr., della Pennsylvania.

Il padre di James iniziò quindi le sue ricerche, trovando una quantità molto importante di materiali e di informazioni che includevano il luogo esatto dove il pilota morì con il suo aereo e che coincideva esattamente con il luogo descritto da suo figlio.

Risultò che quel giorno James uscì accompagnato da un altro aereo nel quale si trovava Larsen, il veterano ormai anziano che fornì le indicazioni al padre di James, dicendo chiaramente il nome del suo compagno pilota.

Le ricerche si mossero quindi nella direzione della ricerca del pilota morto, che venne identificato in *James M. Huston*, del quale si conoscevano ora il nome e il cognome.
Iniziò quindi una fitta corrispondenza con lo scambio di molti documenti.

Le ricerche inclusero anche un'intervista per la televisione che fu fatta con i genitori del bambino, ma che non venne mai trasmessa.

Nel frattempo, il bambino aveva dato dei dettagli in merito alla sorella di James Junior, che aveva 91 anni all'epoca, la quale venne quindi contattata e portata a conoscenza del bambino, della sua storia e della passione per i voli della Seconda guerra mondiale.

James, all'età di 12 anni, incontrò la famiglia del pilota, mostrò il materiale che aveva raccolto suo papà, scambiò informazioni con la famiglia che stava incontrando e verificarono le foto, la cronologia degli eventi.

Si accordarono sull'usare i veri nomi e cognomi, concedendo l'un l'altro il permesso di pubblicare tutto con le loro generalità reali.

Durante l'intervista, James mantenne un comportamento formale.

Tuttavia, fuori dall'intervista, a cena, si mostrò decisamente più informale, rilassato, piacevole e con molta voglia di cooperare.

Se avesse avuto altri ricordi, non li comunicò
più.

Una cosa che un ricercatore fa in queste situazioni è cercare la possibile frode, il perché mettere in piedi eventualmente una storia.

Nel caso di questa famiglia, l'unica possibilità
avrebbe potuto essere quella di guadagnare un
po' di denaro attraverso quella famosa intervista
che non andò mai in onda.

Non c'erano altre situazioni che potessero far
pensare a guadagni di denaro, e nemmeno al fatto che la famiglia voleva in qualche modo diventare famosa inventando una storia così particolare.

Del resto, anche la famiglia del pilota confermò
i ricordi di James bambino, fu lui che li trasmise
alla famiglia; quindi, non poteva averli ascoltati
ed assorbiti da essa.

Anche la fantasia di un bambino non è stata
giustificata in alcun modo, e nemmeno si è trovata una correlazione tra la visita al museo e gli
incubi notturni.

Al contrario, iniziarono invece le visioni di ricordi, con una manifestazione tipica da post-trauma.

Simili atteggiamenti ricordano proprio quelli dei bambini che hanno subito dei traumi, solo che il suo proveniva da una vita precedente; va detto che questi comportamenti sono abbastanza comuni nei bambini che ricordano le vite precedenti.

La conclusione di questa storia è che, negli studi degli ultimi cinquant'anni circa sui bambini e sulle loro storie di reincarnazione, in particolar modo nei paesi occidentali, è più difficile rientrare nella casistica della fantasia, specialmente quando le storie sono così ricche di dettagli e le descrizioni così accurate.

I ricordi di James erano inerenti a una morte traumatica, e quindi è possibile che abbiano fatto scattare qualcosa per farsi rilasciare, che avessero la necessità di venire alla luce anziché venire soffocati all'interno delle memorie del bambino.

Resta un caso assolutamente eccezionale, è arrivato a noi con dovizia di particolari e dettagli verificabili che hanno condotto nella direzione dell'identificazione del ventunenne a bordo dell'aereo e quindi in un secondo tempo al ritrovamento della famiglia del pilota scomparso.

Anche il fatto che le rispettive famiglie abbiano permesso di utilizzare la storia in maniera pubblica e di rendere visibili i loro nomi reali supporta la veridicità della storia e del racconto.

Ciò è accaduto anche nel caso del signor **C. E.** che abitava in Francia, il cui caso è stato studiato da *Matlock*, famoso antropologo e ricercatore, anche se al momento non è ancora stato pubblicato.

Risultò che i ricordi erano molto dettagliati e specifici.

Questa persona ha iniziato a ricordare proprio dopo i cinquant'anni di età, fornendo dettagli e specificità che lo collegarono a un marine degli Stati Uniti d'America che morì durante la guerra del Vietnam.

Questo è un caso verificato, con molta documentazione cartacea ed online.
I documenti vennero inviati ed ispezionati, alcuni dei quali corrispondevano proprio al pe-

riodo durante il quale questo soldato perse la vita.

Un altro caso che merita di essere ricordato è quello di **Jenny Cockell**, che ricordò la vita di Mary Sutton.

Questa storia ha moltissimo materiale documentale a supporto e, in aggiunta, Jenny fornì un resoconto molto dettagliato di tutto ciò che ricordava ad un giornalista della BBC, e questo prima che i ricordi stessi venissero verificati.

Forni' nove pagine di dichiarazioni al giornalista, inclusa una mappa di una città che aveva disegnato quando era una bambina e che si rivelò essere conforme alla mappa della città che aveva nominato, ma che non aveva mai avuto modo né di vedere né di studiare.

Jenny infine riuscì a farsi dare i certificati di nascita e morte di Mary, riuscendo quindi a stabilire più nei dettagli l'età della morte che confermarono ulteriori ricordi.

Questa è una storia molto documentata e che ha avuto molti esaminatori che, alla fine delle ricerche, archiviarono tutti i documenti direttamente alla Society for Psychical Research.

Un'altra storia verificata viene dalla Germania.

Il signor **Ruprecht Schulz** iniziò ad avere ricordi anch'egli in età adulta, anch'egli intorno ai cinquant'anni, quando cominciò a vedere delle immagini di una vita precedente, durante la quale si tolse la vita.

Iniziò quindi a fare le sue ricerche e si affidò anche le sue intuizioni fino ad arrivare a comprendere chi era stato nella vita precedente.

Scrisse un libro che attirò le attenzioni del Dottor Ian Stevenson, così come di altri ricercatori.

Fu Stevenson che ottenne i ricordi del signore tedesco, da qui riuscì ad entrare in contatto con il figlio della persona delle presunte vite precedenti e quest'ultimo confermò i ricordi di Schulz come assolutamente corretti, confermando quindi la possibilità che questo uomo potesse essere stato, nella sua vita precedente il padre.

Vennero anche reperiti il certificato di morte dell'uomo così come quello di nascita di Schulz.

Questo caso non risulta registrato nei casi europei di tipo reincarnativo.

Invece questo altro caso che segue venne studiato dal Dottor *Matlock* ed è inerente ad un incidente aereo.

Ricostruiamo insieme la scena:
8 luglio 1982, un aereo della Pan American World Airways è sulla pista ed aspetta l'ordine per il decollo.

È un aereo di linea regolare che fa la tratta Miami in Florida fino al Las Vegas in Nevada con uno scalo a Orleans, in Louisiana.

Alle 16 e 06 il volo fu autorizzato dal primo ufficiale.

Sul volo si trovavano 138 passeggeri e sette membri dell'equipaggio.

L'aereo inizia il percorso per trovare la pista numero 10 dopodiché il volo 759 comincia la fase di decollo.

In quel momento si stavano verificando dei forti acquazzoni nelle vicinanze dell'aeroporto ed i venti erano particolarmente forti, vorticosi e variabili.

L'aereo da quel momento inizierà a salire fino a circa 50 m di altezza e da quel punto comincerà poi anche a scendere.

Due minuti e 27 secondi dopo il decollo l'aereo inizia ad avere problemi, scende velocemente e si ritrova poco dopo la pista numero 10, quella di partenza, mentre colpisce una serie di alberi, trovandosi a circa 10 -12 m da terra.

Continua il suo volo fino a che si schianta in una zona abitata, residenziale, poco dopo alla fine della pista e, mentre si disintegra esplode, distruggendo anche cinque case e danneggiandone una sesta.

Ci furono 145 persone che morirono a bordo di quell'aereo oltre ad altre nove persone che furono ferite a terra ed erano in condizioni gravi.

L'ala tagliò i cavi dei collegamenti elettrici, quello delle linee dei telefoni e poi distrusse le case.

Una ruota si mise a rotolare e poi si ruppe in pezzi mentre il carburante, nonostante le forti piogge, s'incendio.
 I tre membri della famiglia Schultz che si trovavano in casa vennero feriti in modo molto grave ed uno di loro morì all'ospedale.

La prima vittima a terra era *Jennifer Schultz*, ed e' di lei che parleremo: aveva 11 anni
e probabilmente si trovava sul dondolo oppure in garage durante lo schianto.

Nel 2008, quindi 36 anni dopo, e precisamente l'11 marzo, in Oklahoma nella cittadina di Bartersville nacque una bambina di nome **Rylann**.

Era una bimba normale se non per alcune abitudini che erano abbastanza strane: inizio' a camminare durante il sonno ma questa poteva essere una cosa abbastanza comune, sonnambulismo.

Ma poi iniziò a lamentarsi che gli facevano male i capelli quando le toccavano la schiena e iniziava quasi a contorcersi dal fastidio anche quando indossava camicie o abiti, dicendo che le facevano male a schiena ed il collo ed anche le spalle, come se la sua pelle stesse bruciando.

Iniziò anche a dire che era più grande di quella che era in quel momento, frase che per la madre e la famiglia non aveva affatto senso, eppure la bambina continuava a ripeterlo.
Arrivata all'età di circa tre anni ricominciò nuovamente a dire che lei era stata più grande ed aggiungendo ' mamma, io sono morta, ero in

cortile di casa ma era un'altra casa, non questa, e pioveva.

Ero sola però non avevo paura; la pioggia, quella pioggia, pioveva tantissimo e poi mi ricordo che c'è stato un rumore molto forte ed ancora ecco la pioggia.

Poi mi ritrovai come se stessi fluttuando verso il cielo'.

La famiglia O' Bannon, i genitori della bambina erano di fede cattolica e quindi la reincarnazione per loro non era nemmeno da prendere in considerazione ma la bambina continuò ad aggiungere frammenti ai ricordi ed dall'età di cinque anni tornò nuovamente a raccontare quello che le era successo aggiungendo che dopo la sua morte, quando era salita in alto, incontrò *Granny Sally*, ovvero la nonna, che lei non aveva mai incontrato in vita e la descrisse perfettamente .

Aggiunse anche un'altra cosa molto interessante ovvero ' se sei morto prima del previsto allora puoi scegliere di tornare'.

Infine ricordò il suo nome che pronunciò come Jennifer, lo stesso nome della bambina che morì nell'incidente nel 1982.

Rylann aveva delle caratteristiche molto simili a quelle di Jennifer, non soltanto particolarità nel chiudere i mobili del bagno ma anche di creare dei piccoli gufi di filo che venivano appollaiati sopra un bastoncino per essere poi regalati agli amici.

Questa ultima caratteristica in particolare non è poi così comune in tutti i bambini.

A volte si pensa che la reincarnazione sia un qualcosa della quale si chiacchiera in qualche circolo di persone riunite in una stanza polverosa ed in semi ombra, da persone mezze matte.

In realtà dietro al concetto di reincarnazione ci sono grandissimi studi da parte di psicologi, antropologi ma anche di psichiatri.

Mentre ho già accennato di James G. Matlock, antropologo, non ho ancora parlato
di **Erlendur Haraldsson** , professore emerito di psicologia presso l'università dell'Islanda.

Egli appartiene a quei pionieri che hanno cominciato ad indagare sui casi dei bambini, quelli che affermavano in maniera totalmente spontanea di ricordare una vita passata, precedente a quella che stavano vivendo.

Ha scritto molti libri che narrano le ricerche e di successi eccezionali della sua carriera.

I casi sono così ben documentati che lasceranno agli scettici la maniera di trovare una soluzione che possa escludere la reincarnazione.

In particolare tre casi di questo suo libro descrivono bambini che portavano, ad esempio, segni sul corpo che erano perfettamente compatibili con la modalità della morte da loro descritti.

Ma non soltanto, quando questi bambini fecero delle affermazioni in merito all'esistenza precedente, la bambina non aveva nemmeno 3 anni di età e ne fece e 20; risultò che 14 erano corrette, tre non avevano un modo di essere verificate a livello documenziale e tre non erano corrette.

Un altro bambino portò 17 affermazioni che si dimostrarono tutte perfettamente corrette e quando gli furono poste delle domande in merito alla famiglia, 15 domande molto personali, il ragazzino che in questo caso era nato in Libano, risposte a tutte e 15 senza sbagliarne una ed anzi fornendo particolari dettagli.

Inoltre il bambino che aveva soltanto quattro anni, riconobbe i membri della famiglia precedente che non aveva assolutamente avuto modo di vedere né tantomeno di incontrare, essendo a lui completamente estranei.

Questo è un caso eccezionale anche per il numero di persone che fecero le verifiche e che quindi raccolsero molto materiale tutte le informazioni atte alla ricerca del caso.

Un altro bambino di due anni fece otto affermazioni chiare e dettagliate in merito alla sua vita precedente erano tutte ed auto corrette, ma quello che sembrò incredibile è che a quell'età manifestava un comportamento che era tipico di un monaco buddista adulto, che va ad aggiungersi ad altri 18 tratti caratteriali molto peculiari.

Diventa quindi impossibile non parlare nuovamente del Dottor Ian Stevenson dell'università della Virginia che inizio nel lontano 1960, viaggiando in ogni parte del mondo per investigare i casi dei bambini che ricordavano altre vite.
Il professore non si limitò a raccogliere le storie dei bambini ma le documentò, poi cercò ed identificò le persone di cui si parlava ovvero le persone che avevano vissuto prima.

Questo dimostra che i bambini non si stavano inventando nulla, al contrario fornivano informazioni attendibili su quello che era capitato loro nella vita precedente, ma soprattutto senza essere coscienti di quello che stavano raccontando in merito all'importanza delle informazioni.

Non si rendevano conto che quello che stavano raccontando era decisamente fuori dai canoni tipici.

Il professor Stevenson catalogò centinaia di casi, ne risolse moltissimi e ciò diede per la prima volta alla reincarnazione una sorta di rispettabilità scientifica.

Naturalmente c'è la lista lunga di dottori professori che hanno dedicato compassione ed avventura la loro vita seguendo le impronte di chi è questa strada l'ha cominciata.

Ho parlato brevemente del professor Marlock prima, ed è giusto ricordare che il suo lavoro è stato estremamente importante ed è avvenuto anche in una zona dove i casi di reincarnazione sono meno comuni, il Nord America, perché molto spesso i racconti dei bambini vengono considerati fantasie e quindi semplicemente ignorate, permettendo a questi ricordi di perdersi nel tempo.

Questo studioso diede la sua tesi di laurea in antropologia sulle credenze della reincarnazione nelle società tribali nel 1993 mentre il suo primo articolo fu una recensione di un libro proprio sull'argomento, nel 1986.

Dal 2011 ha sviluppato un corso che tiene a livello universitario che tratta sempre di reincarnazione.

Il professor Stevenson adottò un metodo di ricerca particolarmente rigoroso durante le sue ricerche di reincarnazione e Matlock lo seguì, ricordando che nei casi di studio non è importante esclusivamente il ricordo di ciò che è stata la vita precedente, ma lo sono anche i comportamenti dei bambini, essi servono nello stesso modo per poter riconoscere la persona e la storia che si cela dietro.

Ci sono altri elementi da prendere in considerazione durante una ricerca, ad esempio la capacità di parlare di capire una lingua che non si è mai imparata nella vita attuale, oppure caratteristiche comportamentali oppure fisiche che si possono trovare in entrambe le persone, oppure segni sul corpo che sono incredibilmente simili alla causa e la morte che viene raccontata dal bambino o dalla persona deceduta, nei modi e nelle emozioni.

Chiaramente anche altri elementi fanno parte della ricerca e della statistica, è una vera e propria metodologia quella che viene messa in atto e segue regole ben precise; il numero dei casi accumulati negli ultimi 70 / 80 anni è veramente incredibile.

Sebbene si debba ricordare che la ricerca sulla reincarnazione è molto più antica, sono stati pubblicati almeno dal 1800 e riguarda prevalentemente i bambini.

Queste ricerche, tuttavia, a differenza di quelle moderne non sono mai riuscite ad entrare negli studi presentati e sono sempre rimaste nell'ambito della parapsicologia.

Le domande che spingono la ricerca sono sempre quelle che portano alla scoperta della comprensione del fenomeno della reincarnazione per cercare di capire che cosa sia, che cosa accade e che cosa permette alle abilità, la personalità, ai ricordi di qualcuno che non esiste più, di comparire più tardi in qualcun'altro nato tempo dopo.

Il professor Matlock spiega questo e molte altre cose, anche legate alla metafisica, al dualismo mente-corpo nel suo libro che si intitola ' segni di reincarnazione'.

Bruce Kelly

Nasce il 19 gennaio del 1952 in California, a Glendora.

Rappresentante di vendita per una azienda di arredamento, padre single, ha sempre avuto il terrore dell'acqua ma anche degli spazi chiusi.

Doveva viaggiare molto per lavoro e, se avesse potuto recarsi in auto sarebbe andato tutto bene, ma se il viaggio era in aereo, come il portellone si chiudeva ecco che era il panico più totale.

Anche la paura dell'acqua era decisamente particolare perché aveva dei problemi a stare nella vasca da bagno oppure sotto la doccia con il getto diretto, lo sopportava soltanto se era girato di spalle.

Se si trovava al mare poteva entrare nelle acque poco profonde oppure poteva mettere i piedi in piscina, era capace di toccare l'acqua, di lavare la macchina oppure di bere però come l'acqua arrivava all'altezza delle ginocchia iniziava ad avere delle vere proprie crisi di panico, con il cuore che andava in tachicardia e con il respiro che diventava ansioso.

In queste situazioni provava vertigini, tremori, la sensazione di morire e tutte quelle caratteristiche tipiche di un attacco di panico.

Nonostante avesse provato numerose tecniche per cercare di capire l'origine di questa fobia non ne era mai venuto realmente a capo e decise quindi di tentare la strada della ipnosi regressiva alle vite precedenti.

Si recò quindi dal Dottor Rick Braun ed inizio' con la prima sessione durante la quale ricordo di essere stato un soldato della Marina Americana, e di prestare servizio all'interno di un sottomarino, precisamente l'USS Shark.
 Disse esattamente queste parole – sono in un sottomarino e sto morendo.

Disse poi di chiamarsi *James Edward Johnston* e si ricordava la quantità di acqua che inizio' ad entrare nella cabina e di essere annegato vicino al Borneo, in prossimità di una isola chiamata Celebes, con l'affondamento del sottomarino.

Aggiunse che furono tutti morti prima che toccasse il fondo e che fu affondato in profondità dal cacciatorpediniere Giapponese Amatsukaze

Aggiunse anche che non era solo ma che con lui c'era un un collega che si chiamava Walter Pilgram e che il tragico fatto avvenne il giorno 11 di febbraio 1942 alle 11:34 del mattino.

Tutto quanto era talmente vivido e reale che il giorno dopo Bruce si recò alla biblioteca locale ed iniziò a fare delle ricerche.

È difficile poter esprimere lo stato d'animo dell'uomo quando scoprì che il sottomarino era veramente esistito, che effettivamente era affondato nel luogo che aveva indicato, anche l'isola da lui citata era esattamente corrispondente, che le vite umane perdute in quell'incidente furono 52 e 20 di essi non furono mai trovati.

Fu, tra l'altro, il primo sottomarino ad affondare.

Naturalmente anche il giorno corrispondeva.

Ma ancora di più il suo stupore quando nella lista delle persone dell'equipaggio comparvero esattamente i nomi da lui indicati.

Insomma, tutti i dettagli da lui ricordati erano registrati nella memoria del tempo, rintracciabili attraverso i documenti dell'epoca.

Lui ed il dottore iniziarono ad avere una seduta settimanale e gli incontri durarono sei mesi

Ulteriori dettagli, molto precisi, vennero descritti durante le ulteriori sessioni di ipnosi.

Ricordò la morte di sua mamma quando lui aveva solo 12 anni, che avvenne nella casa materna, che affittavano, e nella quale era anche presente la giovane cugina Elizabeth.

James da giovane era un ragazzo molto gentile, sensibile e la morte della mamma che avvenne nel 1936, di sorpresa, fu un colpo sicuramente molto forte da accettare.

Si sentii molto solo.

Erano tempi molto duri quelli della depressione, in America.

Ricordo' una particolarità, e che era quella di amare particolarmente la parte finale del pane, quella più dura.

Disse di essere nato a febbraio del 1921 e che la sua prima fidanzatina si chiamava *Molly Lassiter* e durante la visione di quel momento con questa ragazza disse che erano insieme sopra un ponte; lui le chiese di andare via con lui, di scappare con lui, ma lei rifiutò e disse anche che il padre, che lei temeva, lo avrebbe picchiato se fossero scappati e l'avesse poi trovato.

Dopo quell'incontro non si videro più.
Era il 1938.

Durante il periodo della grande depressione entro' in un programma del governo chiamato CCC ovvero Civilian Conservation Code.

A questo punto i dettagli cominciavano ad essere veramente molti quindi il dottore stesso decise addirittura di andare a Jacksonville per vedere se poteva verificare quello che era uscito durante le sessioni.

Riuscì a convincere il signor Bruce a andare con lui e il 17 aprile del 1993 arrivarono finalmente in città.

Trovarono agilmente la casa dove visse con la madre, e la descrisse in maniera molto accurata per come apparve a lui negli anni 1920 e 30.

Ricordò anche che preferiva passare dalla stradina dietro la casa ed entrare dalla porta secondaria.

Successivamente incontrò persone della famiglia ed amici della vita precedente ed anche la cugina *Elizabeth Watson*, che veniva amichevolmente chiamata a Betty.

Le chiese la curiosità in merito al suo modo di apprezzare particolarmente una parte specifica della pagnotta di pane e lei lo confermò, come confermò anche l'accuratezza nel descrivere i suoi rientri a casa passando dalla porta secondaria e dalla stradina dietro a casa.

Continuano ancora le ricerche di Molly, la fidanzatina di Bruce, che oggi avrebbe almeno passato i novanta anni di età.

Ricordo che i documenti del Civilian Conservation Corps, della Marina degli Stati Uniti e documenti civili come il certificato di nascita ed i documenti di frequenza alle scuole superiori verificano la vita effettiva e l'esistenza di James.

Inoltre, molti amici e parenti di James sono ancora vivi e hanno informazioni comprovate e ricordate da Bruce Kelly mentre era in ipnosi.

Il caso di Ryan Hammons

Caso raccolto da Jim Tucker.

Questo bambino ha il numero più alto di ricordi e memorie, poi studiate e verificate - n.d.r.

Ryan Hammons, nato in Oklahoma nel 2004, aveva tre anni quando cominciò a raccontare a sua madre delle cose che erano certamente strane per chi ascoltava.

.

Una volta disse a sua madre *Cyndi*:
"sai mamma, penso di essere stato qualcun altro prima".

Un'altra volta invece si è recato in lacrime dal papà, un impiegato regionale ma anche ufficiale di polizia, dicendo di avere fatto un altro brutto sogno, in verità un incubo, e che adesso il suo cuore batteva così forte che aveva paura che gli esplodesse nel petto.

Un giorno vide in televisione un cartello di Hollywood ed il bambino era eccitantissimo, dicendo che li era a casa sua, che lui viveva lì e che voleva così tanto tornarci.

Iniziò a raccontare dei dettagli di quella che era la sua presunta vita precedente, spiegando che lui era stato un agente di Hollywood e che lì, in quell'agenzia dove lavorava, cambiavano i nomi delle persone.

Disse poi che ci aveva vissuto negli anni 40 e che ricordava anche la sua morte, che descrisse alla mamma, dicendo che era accaduta nel 1964 a causa di una emorragia cerebrale dopo essersi ammalato di leucemia, e che all'epoca lui aveva 61 anni.

Era nato nel 1903 da una famiglia di origine Ucraina che si trasferì in America.

Raccontò che aveva vissuto una vita lussuosa,

che visse anche a New York e che si era sposato per ben quattro volte ma aveva avuto una sola figlia, ma 5 figliastri, inclusi 3 figli che adottò con l'ultima moglie.

Spiegava di un posto chiamato Broadway, dove ballava e poi raccontava di casa sua che era una grande casa che aveva anche la piscina, anch'essa molto grande.

Aggiunse di aver viaggiato molto, diverse volte anche a Parigi, e di aver visto la Tour Eiffel.

Capitava a volte che la radio trasmettesse delle canzoni con il bambino presente e lui si alzava ed iniziava a ballare il Tip tap.

Ma i racconti non finirono lì, infatti raccontava di feste nelle quali spesso c'era anche un signore, un cowboy che aveva un cavallo, ed a queste feste faceva giochi.

Lo stesso signore era anche nei cartelloni pubblicitari di sigarette.

A scuola ogni tanto capitava che le maestre

chiedessero ai bambini di fare dei disegni e Ryan disegnava sempre la sua famiglia composta da lui, mamma e papà, ma poi aggiungeva sempre anche il sé stesso della vita precedente, in versione chiaramente adulta.

Cindy la mamma, cominciò a prendere nota di tutto quello che raccontava, anziché prenderlo in giro oppure semplicemente ignorarlo, anche se all'inizio non ne fece parola con nessuno per il timore di essere considerati dei folli.

Potremmo dire in gergo che la mamma 'dava corda' ai racconti di suo figlio, in privato, ed ascoltava con attenzione.

Iniziò ad investigare sui racconti cercando da sola materiale su Hollywood nella biblioteca locale, e sfogliando le immagini che c'erano sui libri: ricordiamo che il bambino aveva quattro anni e non sapeva leggere.

Durante questi momenti che passavano insieme scorrendo le pagine dei libri uscì fuori una foto tratta da un vecchio film che era intitolato ' night after night' ed in quel preciso istante il bambino si eccitò nuovamente gridando con una gioia incontenibile che quello era il suo amico George e che avevano fatto anche una foto insieme una volta.

Proseguì con un'altra figura della foto aggiungendo che quello era finalmente lui, dicendo precisamente: 'quello sono io. Ecco chi ero! '.

Il bambino non aveva mai ricordato il suo nome ed al principio la mamma fece fatica a capire chi fosse la persona che aveva mostrato nella fotografia.

Riconobbe però l'altra persona nella stessa foto: un attore chiamato George Raft.

Quando Ryan ebbe cinque anni mamma entrò in contatto con il dottor Jim Tucker, che inizio' a fare le sue ricerche ed a schedare quello che il bambino raccontava e tutto quello che emergeva come frutto delle ricerche.

Vorrei sottolineare che il bambino venne invitato a girare un documentario, in seguito all'interesse del Dott. Tucker, dopo i primi contatti.

I produttori avevano identificato la sua vita precedente in un altro attore, credendo appunto che il bambino si riferisse ad un'altra persona.

Quando il bambino visitò la casa e vide le foto, assolutamente non riconobbe nulla tranne la casa di un'altra persona, il già citato Wild Bill Elliot, disse di essere stato li ma che quella non era la sua casa. Non aveva mai abitato li.

Ed è a questo punto che si riuscì ad iniziare la ricerca e ad ampliarla fino a trovare la vera identità di Ryan: un archivista cinematografico, identificò l'uomo che Ryan diceva essere "me" come Marty Martyn, un ballerino, ex attore che non ebbe particolare risalto ed agente di talenti (talent scout) deceduto nel 1964.

Il dottor Tucker, usando il metodo di studio elaborato e messo a punto da Ian Stevenson, si recò da Ryan e dei suoi genitori; quindi, vennero mostrate una serie di fotografie di persone che si assomigliavano, altre fotografie a seguire di luoghi, ed ancora altre fotografie che potevano essere significative per il bambino.

Ogni tipologia di foto era racchiusa in gruppi, quindi un gruppo che aveva soltanto volti, un gruppo aveva soltanto fotografie di abitazioni, un altro gruppo aveva soltanto fotografie di una località e via dicendo.

Il bambino analizzava un solo gruppo alla volta, guardava le fotografie, iniziando da quello che rappresentava le persone.
C'era una sola foto corretta tra tutte.

Selezionò senza esitazione tutte le
foto inerenti alla vita di Marty Martyn e riconobbe se' stesso.

Anche le registrazioni che la madre fece prima dell'arrivo del dottor Tucker vennero studiate: una parte era già stata verificata anche dalla madre che riconobbe il cowboy descritto dal bambino in Wild Bill Elliot.

Con l'aiuto di Tucker e la sua struttura anche molte altre dichiarazioni fatte dal bambino vennero verificate usando fonti come registri pubblici negli archivi nazionali, giornali, necrologi, documenti di viaggio e censimenti.

Martyn non era un attore e non aveva avuto ruoli di prestigio, lavorava per un'agenzia ad Hollywood e quindi non c'era materiale su internet a quei tempi, tutto il materiale di ricerca ritrovato fu cartaceo oppure recuperato attraverso interviste.

Ma la storia non termina qui perché venne contattata anche la figlia di Martyn, che venne trovata e che confermó molte altre dichiarazioni, tra le quali 55 dichiarazioni fatte da Ryan in merito ai suoi ricordi di quella sua vita precedente.

Queste dichiarazioni vennero anche verificate con controlli incrociati.

Ad esempio, venne confermato che Marty Martyn era stato un ballerino di tip-tap, che gestiva un'agenzia di talenti e che cambiava i nomi delle persone per motivi professionali, che aveva avuto diverse mogli, che il suo ristorante preferito si trovava nel quartiere cinese, che trascorreva molto tempo a Parigi, che aveva una grande collezione di occhiali da sole, che aveva regalato a sua figlia un cane quando aveva 6 anni, e così via.

Venne poi il momento in cui la mamma di Rayan lo portò a vedere l'edificio in cui lui sosteneva si trovasse la sua agenzia di talenti: per il bambino fu una emozione indescrivibile, illuminandosi, completamente fuori di sé dalla gioia, come se realmente fosse tornato a casa dopo un lungo viaggio.

Luke Ruehlman

Il concetto di memoria nella reincarnazione ravvicinata ci porta a considerare un aspetto intrigante: dopo il trapasso, se avvenuto in modo repentino e non nelle tempistiche decise prima della nascita, pare non permettere alla entita' spirituale di godere del periodo di 'riposo' tradizionalmente associato tra una vita e l'altra.

Non ne conosciamo i motivi, potrebbe essere

perché' le anime decidono di rinascere e di ripetere le esperienze ripartendo dal punto finale della vita interrotta troppo presto ma pare che questo possa causare un'interferenza nei ricordi della vita precedente nella nuova personalità consci, che appaiono nei bambini anziché' rimanere nascoste.

Un esempio affascinante di questo fenomeno è rappresentato da Luke Ruehlman, un bambino sano di 5 anni che sostiene di aver già vissuto un'altra vita.

In una serie di interviste televisive, Ruehlman ha sorpreso alcuni spettatori affermando di essere stato in passato una donna di nome *Pam* Robinson, morta in un incendio a Chicago nel 1993.

Questo incredibile racconto ha inizio quando Ruehlman, già a soli 2 anni comincia a parlare di una misteriosa donna di nome Pam.

La sua insistenza su questo argomento porta sua madre, *Erika*, a chiedersi chi fosse realmente Pam.

La risposta sorprendente di Luke arriva quando afferma di essere stato proprio lui questa Pam, ma in una vita precedente, aggiungendo di essere morto per colpa del fuoco, di essere salito in alto, di aver visto un luogo diverso e poi di essere stato riportato sulla Terra come bambino chiamato Luke.

La storia di Pam Robinson, deceduta a soli 30 anni in un incendio a Chicago, si rivela essere una tragica conferma dei ricordi di Luke.

Nonostante la famiglia di Robinson abbia rifiutato di commentare, Erika continuò la sua ricerca scoprendo la corrispondenza tra i dettagli raccontati da Luke e la vita di Pam.

La capacità di Luke di ricordare luoghi e eventi di cui non ha mai avuto esperienza diretta è notevole.

Questo caso, presentato nello show televisivo "Ghost Inside My Child" di Lifetime, ha catturato l'attenzione di molti.

Erika, la madre di Luke, ha espresso la necessità di condividere questa storia, considerandola un segno di positività e unione.

Tuttavia, è importante notare che la famiglia di Luke non ha ricevuto alcun compenso da Lifetime per la partecipazione all'episodio, come confermato dalla nonna del bambino durante un'intervista a Fox 8.

Questo supporta la tesi che la storia non sia stata inventata ma genuina, a maggior ragione e non c'e' un compenso a giustificarne la creazione.

Cameron Macauley

Cameron è nato nei pressi di Glasgow il 23 agosto 2000. All'età di cinque anni viveva con sua madre Norma e suo fratello Martin di sei anni a Glasgow.

Secondo Norma, Cameron ha iniziato a fare affermazioni apparentemente legate a una vita passata a Barra, un'isola tra le Ebridi Esterne, al largo della costa occidentale della Scozia, quando aveva solo due anni.

Nessuno nella sua famiglia era mai stato lì o aveva alcun legame con l'isola.

A tre anni, Cameron continuava a parlare di Barra, esprimendo il desiderio di andarci, per vedere la sua "altra famiglia".

Ha riferito a sua madre che il nome di suo padre

era *Shane Robertson*; uno zio ha anche detto che si riferiva a suo padre come Sean o Shane.

Cameron ha fornito dettagli precisi su come suo padre fosse stato colpito e ucciso da un'auto di colore verde e argento o argento-verdastro.

Ha descritto la sua "madre a Barra" con lunghi capelli castani che poi aveva tagliato corti.

Ha parlato di tre fratelli e tre sorelle, uno dei quali si chiamava *Lindsay*, e ha raccontato di giocare con loro e con un cane nero con il pelo bianco sul petto.
Ha descritto una casa di colore bianco molto più grande di quella attuale, con diversi bagni e grandi pile di scatole all'esterno.

Ha quindi ricordato di nuotare in piscine naturali, di giocare con gli amici della famiglia mentre non ha menzionato alcun ricordo dell'età adulta.

Ha accennato *a una caduta in un buco* collegato alla Casa Bianca di Barra, che lo ha portato alla sua "riapparizione" nella vita attuale: ha detto che all'età di quattro anni era caduto dal letto e passato attraverso il buco che conduceva alla sua attuale madre era nuovamente tornato.

Nel 2005/2006, una società di produzione televisiva interessata a realizzare un documentario sulla reincarnazione ha contattato la Divisione di Studi Percettivi (DOPS) dell'Università della Virginia, dove operava Ian Stevenson, il pioniere degli studi sulla reincarnazione.

Jim B. Tucker, collega di Stevenson, ha accettato di partecipare.

La madre di Cameron, Norma Macauley, ha contattato l'azienda che pubblicizzava casi di reincarnazione in Scozia.

Cameron, all'epoca cinquenne, è stato intervistato e i suoi ricordi sono stati documentati attentamente, Tucker è poi volato a Glasgow per incontrare Cameron e la sua famiglia e insieme si sono recati a Barra.

Molti bambini con ricordi di vite passate esitano a parlarne, ma Cameron era diverso: era disposto a condividere i suoi ricordi con chiunque fosse interessato ad ascoltarli.

Durante l'intervista con Tucker, ha aggiunto ulteriori dettagli, come raccogliere mele e giocare con gli amici nel giardino di casa.

Ha ricordato nuovamente che suo padre, Shane Robertson, aveva i capelli neri, e ha cambiato un dettaglio dell'auto che lo aveva colpito a morte, dicendo che era blu e verde.

Descrisse la casa come ad un piano e disse che oltre al cane, la famiglia aveva avuto un gatto arancione.

Le scatole fuori casa, ha detto, contenevano acqua e pesci.

Tucker ha scritto un racconto del caso nel suo libro del 2013 *Return to Life: Extraordinary Cases of Children Who Remember Past Lives*.

Nel 2007 la Society for Psychal Research ha chiesto alla ricercatrice e scrittrice di sopravvivenza Tricia Robertson (nessuna parentela) di indagare ulteriormente sul caso.

Accompagnata da Archie Roy, ha intervistato la famiglia Macauley e i suoi soci, videoregistrando e datando tutte le interviste.

La narrazione del suo caso è riportata nel suo libro del 2013 *Cose che puoi fare mentre sei morto!*

Visita a Barra

A Barra è giunta la prima verifica delle affermazioni di Cameron.

Il piccolo aereo che li ha portati è atterrato sulla spiaggia dell'isola, la sola al mondo ad essere utilizzata come pista per i voli di linea.

Nel documentario, Cameron esclama trionfalmente: "Te l'avevo detto che era vero!"

Lo storico locale Calum MacNeil colloca la presunta vita passata di Cameron negli anni '60, basandosi sulla descrizione del telefono e conferma che la casa aveva tre bagni, come descritto dal bambino.

Non è stato però in grado di confermare la morte di Shane Robertson; non c'era traccia di nessuno che fosse deceduto come Cameron aveva descritto a Barra.

Una ricerca nei registri locali ha rivelato solo un uomo di nome Robertson negli anni '30 e una famiglia Robertson che era arrivata sull'isola troppo di recente per coincidere con la vita passata descritta da Cameron.

Successivamente, MacNeil ha scoperto che una famiglia Robertson proveniente dalla terraferma aveva trascorso le vacanze a Barra in una casa di loro proprietà negli anni '60 e '70.

Questa casa, situata all'estremità settentrionale dell'isola, offriva una vista degli aerei che atterravano sulla spiaggia.

Visitando la casa ormai disabitata, Cameron l'ha riconosciuta e ha trovato tutti e tre i bagni, come descritto nel documentario, riconoscendo anche altre caratteristiche familiari.

Sebbene Tucker sia tornato negli Stati Uniti, i produttori del documentario hanno continuato le indagini, contattando un membro della famiglia Robertson, Gillian Robertson.

Quest'ultima ha confermato l'esistenza di un cane bianco e nero in una foto mostrata nel documentario, ma non era a conoscenza di alcun uomo della famiglia investito da un'auto né di un bambino deceduto giovane.

Il caso rimane quindi irrisolto.

Cameron ha manifestato segni comportamentali

tipici dei bambini con forti ricordi di vite passate, come la nostalgia per le loro famiglie e vite precedenti e il desiderio di tornare alle loro residenze passate.

Nel documentario, sua madre afferma di aver notato un crescente desiderio di Cameron di tornare a Barra, tanto da chiedere di essere accompagnato all'asilo dalla sua madre di Barra invece che da Norma.

Cameron insistette con determinazione nel dire: "Devo andare a Barra, devo andare a Barra, mi manca la mia famiglia".

Durante la visita alla presunta casa della sua vita passata, Cameron è diventato sommesso e visibilmente triste, manifestando un forte desiderio della sua mamma di Barra.

Tuttavia, alla fine, la visita si è rivelata terapeutica.

Si è calmato riguardo ai suoi ricordi e sembrava felice di avere l'opportunità di convalidarli e di vedere che erano reali, dando loro una forma più concreta.

Interpretazioni

Tucker sostiene l'autenticità del caso, evidenziando che i ricordi di Cameron sono profondamente reali per lui e lo coinvolgono emotivamente.

Sottolinea che, secondo i test psicologici, i bambini che affermano di avere ricordi di vite passate non sono solitamente particolarmente inclini alla fantasia o facilmente suggestionabili.

Tucker è stato informato che in gaelico "sean" significa "vecchio", il che potrebbe suggerire che il padre della vita passata di Cameron fosse chiamato Sean o Shane, anche se non era il suo vero nome.

Tucker si chiede se il nome "Robertson" fosse un errore e se sarebbe stato necessario magari cercare più approfonditamente un uomo investito da un'auto, notando che lo storico MacLean era meno familiare con la parte settentrionale dell'isola.

Un'altra possibilità ipotizzata da Tucker è che Cameron abbia confuso ricordi di due vite passate, risultando in possibili errori.

La famiglia Robertson crede che il cognome

"Robertson" e la casa siano corretti, evidenziando che un album mostrato da Gillian Robertson nel documentario contiene una grande macchina nera, confermando il ricordo di Cameron.

Sottolinea che Cameron ha ripetutamente affermato di essere "parte della famiglia", il che potrebbe indicare che fosse considerato o trattato come tale, anche se non fosse stato un membro effettivo.

Documentario

Il documentario è stato trasmesso il 18 settembre 2006 su Canale 5 come primo episodio della sesta stagione del programma "Extraordinary People", intitolato "Il ragazzo che viveva prima".

Poiché Cameron era così aperto riguardo ai suoi ricordi, l'amica di famiglia Diane Miller e lo zio di Cameron, Ian Watson, furono entrambi in grado di confermare le sue dichiarazioni.

Nel documentario, Miller afferma che Cameron era "irremovibile" e "lo diceva più e più volte, quindi si sapeva, si capiva che non se l'era inventato".

Watson aggiunge: "In tre anni non ha mai vacillato una volta, se lo guardi negli occhi, puoi vedere che crede che siano vere."

Cameron è stato registrato nel documentario mentre fa numerose affermazioni, tra cui:

Vivevo in una casa di colore bianco con mia mamma, mio papà e i miei tre fratelli e sorelle.

Il mio posto preferito a Barra era la spiaggia, dove portavo il mio cane e giocavo con lui insieme ai miei fratelli e sorelle, gli aerei atterravano sulla spiaggia e c'è molto spazio per correre, ma qui a Glasgow non ce n'è molto perché le case sono vicine l'una all'altra.

Dialogo con Norma e affermazioni varie del bambino:

"Vedremo tuo papà Barra?"

"No."

"Perché no?"

"Perché è morto."

Il mio papà di Barra è stato investito, si chiamava Shane Robertson. Mio padre aveva i capelli neri e indossava pantaloncini.

La mia mamma di Barra aveva i capelli lunghi e poi se li è fatti tagliare corti.

La casa aveva un solo piano.

Sono felice di essere tornato a Barra.

Indicando una casa:

'conosco la persona che abita lì, ma non ricordo il nome'.

Indicando una struttura che sembrava trovarsi su una marea piatta disse: 'e' difficile raggiungere quel posto: potresti anche dover nuotare per tornare indietro.'

Riconosco quella spiaggia.

Potevo vedere la spiaggia quando guardavo fuori dalla finestra e qualche volta i miei fratelli e sorelle potevano andare da soli, mentre io guardavo fuori dalla finestra per vederli giocare.

Le ragazze dormivano in una stanza mentre i ragazzi in un'altra.

John McConnell

John McConnell, un ex poliziotto di New York

in pensione che lavorava come guardia di sicurezza, una sera del 1992 si fermò in un negozio di elettronica dopo il lavoro.

Lì, notò due uomini intenti a rapinare il negozio ed estrasse la pistola.

Un altro rapinatore, dietro al bancone, iniziò a sparargli.

John cercò di rispondere al fuoco e, anche dopo essere stato colpito e caduto, si rialzò e sparò nuovamente.

Venne colpito sei volte, con uno dei proiettili che lo colpì alla schiena, ferendogli il polmone sinistro, il cuore e l'arteria polmonare principale, il vaso sanguigno che porta il sangue dal lato destro del cuore ai polmoni per ricevere ossigeno.

Nonostante sia stato portato d'urgenza in ospedale, non sopravvisse.

John era sempre stato vicino alla sua famiglia e aveva spesso detto a una delle sue figlie, *Doreen*: "Non importa cosa accada, mi prenderò sempre cura di te".

Cinque anni dopo la morte di John, Doreen diede alla luce un figlio che chiamò *William*.

Fin dalla nascita, William iniziò a svenire frequentemente.

I medici gli diagnosticarono una condizione chiamata atresia della valvola polmonare, in cui la valvola dell'arteria polmonare non si era formata adeguatamente, impedendo al sangue di fluire correttamente ai polmoni, inoltre, uno dei ventricoli del suo cuore, quello destro, non si era sviluppato correttamente a causa del problema alla valvola.

William dovette sottoporsi a diversi interventi chirurgici e, sebbene dovesse assumere farmaci a tempo indeterminato, si riprese abbastanza bene.

I difetti congeniti di William erano molto simili alle ferite mortali subite da suo nonno.

Inoltre, una volta diventato abbastanza grande per parlare, iniziò a raccontare della vita del nonno.

Un giorno, all'età di tre anni, mentre sua madre era a casa cercando di lavorare nel suo studio, William continuava a fare i capricci, alla fine, sua madre gli disse: "Siediti o ti sculaccio".

William rispose: "Mamma, quando eri piccola e

io ero tuo papà, eri cattiva un sacco di volte, eppure io non ti picchiavo mai!"

La madre di William fu inizialmente molto sorpresa.

Man mano che William parlava sempre di più della vita di suo nonno, lei cominciò a sentirsi confortata dall'idea che suo padre fosse tornato e William continuò, parlando più volte di essere suo nonno e discusse della sua stessa morte.

Disse a sua madre che diverse persone stavano sparando durante l'incidente in cui suo nonno fu ucciso, ed una volta disse a sua madre: "Quando eri piccola e io ero tuo padre, come si chiamava il mio gatto?"

Lei rispose: "Vuoi dire Maniac?"

"No, quello no," rispose William. "Quello bianco."

"Boston?" chiese sua madre.

"Sì", rispose William. "Lo chiamavo Boss, vero?"

Era corretto.

La famiglia aveva due gatti chiamati Maniac e Boston, e solo John si riferiva a quello bianco come Boss.

Un giorno, Doreen chiese a William se ricordasse qualcosa del periodo precedente alla sua nascita.

Disse che era morto di giovedì ed era andato in un altro luogo.

Disse di aver visto degli animali lì e di aver anche parlato con una entità o energia o presenza.

Aggiunse: "Ho detto che ero pronto a tornare e sono nato di martedì".

Doreen rimase stupita dal fatto che William menzionava i giorni della settimana, poiché non conosceva nemmeno lei i giorni senza dover cercare per averne conferma.

Lo mise alla prova dicendo: "Quindi, sei morto di giovedì e sei nato di martedì?"

Lui rispose prontamente: "No, sono morto giovedì sera e sono nato martedì mattina".

Aveva ragione su entrambi i fronti: John morì di giovedì e William nacque di martedì cinque anni dopo.

Ha parlato del periodo tra una vita e l'altra altre volte, disse a sua madre: "Quando muori, non vai direttamente in paradiso.
Vai a diversi livelli: qui, poi qui, poi qui" mentre alzava la mano ogni volta.

Ha detto che gli animali rinascono così come gli esseri umani e che gli animali che ha visto in paradiso non mordono né graffiano.

John era un cattolico romano praticante, ma credeva nella reincarnazione e diceva che si sarebbe preso cura degli animali nella sua prossima vita, se ne avesse avuta un'altra.

Ed ecco che suo nipote William dice che diventerà un medico veterinario e si prenderà cura di animali di grandi dimensioni in uno zoo.

William ricorda a Doreen suo padre, in diversi modi e per molte cose che trova abbiano in comune, ama anche i libri, come piacevano a suo nonno.

Quando fanno visita alla nonna di William, lui passa ore a guardare i libri nello studio di John, esattamente come sarebbe stato il comportamento di suo nonno di anni prima.

William, come suo nonno, è bravo a mettere insieme le parole e può essere un "chiacchierone senza sosta" e ricorda a Doreen suo padre in particolare quando le dice: "Non preoccuparti, mamma. Mi prenderò cura di te."

Edward Austrian

Patricia e il suo piccolo figlio, che era stato ucciso in una vita precedente durante la Prima guerra mondiale.
Patricia Austrian non credeva nella reincarnazione, ma il suo giovane figlio Edward le fece cambiare opinione.

Quando aveva quattro anni, Edward aveva una bizzarra fobia: non gli piacevano i giorni bui, grigi e umidi.

Era costantemente malato e sua madre non capiva perché il perché, quindi iniziò una serie di visite.

I medici scoprirono che aveva una grossa ciste e un gonfiore in gola e si rese necessaria un'operazione per correggere questo problema, ma prima di effettuarla i medici decisero che gli avrebbero rimosso le tonsille.

Dopo questo intervento chirurgico, di tipo minore rispetto a quella prevista successivamente, Edward iniziò a raccontare la sua storia ai genitori.

Raccontò loro di quando era soldato nella Grande Guerra (Prima Guerra Mondiale).

Aveva 18 anni e stava camminando attraverso campi fangosi, faceva freddo, umido ed era grigio ed il suo fucile era pesante.

Si ricordò dei campi e degli alberi e all'improvviso udì uno sparo alle sue spalle: il proiettile attraversò un altro soldato e poi lo colpì alla nuca, sentì che il sangue gli salì in gola.

Sorprendentemente, dopo aver raccontato la sua storia e come è stato ucciso, la ciste di Edward è scomparsa.

Il medico rimase molto sorpreso ed affermò che questo tipo di cisti "non scompare mai" da sola.

Era come se la tensione accumulata nella sua memoria si fosse allentata e lui fosse tornato in buona salute.

La BBC ha presentato il caso di Edward Austrian in uno studio sulla reincarnazione.

Un'altra storia molto interessante riguarda un bambino che non aveva ancora due anni e si rivolse a suo padre *Ron* dicendo che quando aveva la sua età gli aveva cambiato il pannolino

Il padre chiaramente rimasto interdetto, penso' che fosse una cosa molto strana e credette di aver capito male.

Ma nei periodi successivi, per mesi, il bambino continuò a fare commenti simili ed a raccontare storie sia al papà che a mamma *Cathy*.

Fino a quando il bambino, ricostruito la sua storia disse che era il nonno, il papà di Ron, che era tornato dalla sua famiglia.

Si comprende che dopo questa affermazione i genitori erano particolarmente incuriositi e quindi chiesero al bambino con me fosse tornato.

Il bambino era capace a parlare, iniziò a farlo in maniera precoce e si faceva capire molto bene da quando aveva 18 mesi: disse ai genitori che ha fatto come un sibilo ed era uscito da un portale.

I genitori erano senz'altro sbalorditi sentendolo usare la parola portale e sibilo, che non ricordavano facesse parte del suo comunque limitato vocabolario e lo invitarono a raccontare ancora qualcos'altro.

Se aveva avuto dei fratelli o delle sorelle ad esempio e lui rispose che aveva avuto una sorella che era diventata un pesce.

I genitori chiesero ma chi l'ha trasformata in un pesce?
Il bambino rispose che erano stati delle persone cattive e quindi era morta.

I genitori di Samuel raccontarono che in effetti il nonno aveva una sorella che era stata assassinata a sessant'anni ed il suo corpo era stato trovato a galleggiare nell'acqua nella baia di San Francisco.

Quando i genitori chiederò a San com'era morto lui si toccò la testa, portandola un pochino indietro, con una smorfia, come se soffrisse: un anno prima della nascita del bambino il nonno morì per una emorragia cerebrale.

Questi fenomeni, simili a questi raccontati, si sono verificati ovunque nel mondo, fortunatamente se ne parla più spesso rispetto a qualche decina di anni fa.

Possiamo quindi citare anche un paio di casi avvenuti in Olanda, iniziando con una storia che è capitata nei primi anni del 2000.

Questa storia riguarda una madre, un padre e quattro figlie, di queste 4 figlie fu e la ragazzina di sette anni che diceva di ricordare una sua vita precedente.

I genitori non credevano particolarmente nella reincarnazione, non avevano nessuna intenzione di far crescere questa credenza all'interno della propria famiglia, tuttavia ascoltarono la figlia con molta attenzione e quindi contattarono un ricercatore per poter condurre un'indagine per comprendere ciò che stava accadendo, desiderando trovare solo la verità nelle affermazioni, fosse anche per smentirle se necessario.

La bambina durante i suoi primi due anni era molto tranquilla e silenziosa ma imparò a camminare molto velocemente, e quando avevo circa due anni o tre iniziò a raccontare ai genitori di essere stata un marinaio, raccontando di onde che nella vita vera non aveva mai visto, se non in una piscina, ma molto piccole.

Raccontò che le onde che vedeva quando era marinaio invece erano altissime e che la vita vissuta in mare era certamente molto strana e che a volte c'era una tempesta che durava tutta la notte e poi il mattino dopo tutto era calmo, liscio e senza suoni.

La bambina a volte disegnava una nave con una vela e disse anche il nome della barca, poi raccontò che ciascuno aveva un compito perché era una nave che trasportava i passeggeri e quindi qualcuno doveva guardare la vela, altri guardare bene intorno facendo attenzione che non ci fossero pericoli on la navigazione, altri invece dovevano curare le persone che si trovavano a bordo.

Si cibavano di carne che tagliavano direttamente da animali conservati sulla nave, spesso mangiavano la carne cruda, non avevano servizi igienici ed i marinai spesso tra di loro si litigavano, si picchiavano ed erano molto aggressivi; un giorno un altro marinaio cadde dall'albero della vela e morì rompendosi la schiena.

Parlò di un grande timone e di lui che era un uomo magro ed aveva la barba, lavorava li e con quella nave andavano a prendere le famiglie che non avevano tanti soldi e quindi potevano permettersi solo questo tipo di viaggio poi le portavano in un posto che era una isola ed aveva delle piante strane, delle palme, citando in un paio di racconti il nome India o Indie.

Narrò anche che morì molto avanti negli anni, ne aveva più di novanta, che loro erano persone sane, non avevano paura di arrampicarsi e non soffrivano neanche di vertigini.

Le ricerche storiche che seguirono il racconto, che fu particolarmente dettagliato includendo nomi di persone e luoghi, ebbe grossi riscontri, incluso il nome India che a quei tempi era un'area che comprendeva Cuba ed aveva delle isole con le palme.

Sempre in Olanda un altro caso recente racconta di un bambino di circa due anni che cominciò a dire che il suo cuore aveva smesso di battere, poi si era trovato dentro una pancia e lì era cresciuto ed il suo cuore batteva di nuovo.

Quando raccontava questa storia il suo viso era

radioso e sorridente, saltava gioioso e felice.

Questo si ripete' per alcuni mesi di fila, diverse volte a settimana, ma fu soltanto verso l'età di tre anni e mezzo circa che iniziò ad essere capace di spiegare quello che voleva dire

Allora raccontò alla madre quello che era stato prima, nella sua vita precedente, raccontando alla mamma che morì che non era giovane ma neanche tanto vecchio, lo fece pronunciando il suo nome, un nome con un accento francese, accento che non gli apparteneva assolutamente.

Raccontò che aveva una fidanzata, che stavano per sposarsi ma poi arrivarono degli uomini cattivi che avevano già ucciso i suoi amici e che quindi lo circondarono

Fu colpito alla schiena ed iniziò a respirare in modo irregolare, così come il suo cuore iniziò a battere in maniera differente.

Vide la persona che lo attaccò avvicinarsi e colpirlo nuovamente.

A quel punto andò in un luogo dove c'era una grande luce, una enorme bontà e c'era anche l'umorismo (usò esattamente questa parola).

Raccontò alla mamma che descrivere quel posto era veramente difficile e che non poteva neanche fare un disegno, e che quando arrivò il momento di nascere nuovamente lui provò a resistere perché non voleva tornare qui ma alla fine fu convinto e nacque di nuovo.

Il bambino aveva paura della morte perché si ricordava di quella precedente che era stata dolorosa ed i genitori impiegarono non poco tempo a fargli capire che quel tipo di morte, nella esistenza precedente, non era così comune

Ad 11 anni ricordava ancora la sua vita precedente.

Dorothy Eady.

Vorrei concludere con la storia di *Dorothy Eady*, una signora di origine Britannica, che fin da piccola era letteralmente ossessionata dall'antico Egitto.

Divenne una famosa egittologa con un nome diverso dal suo, si fece infatti chiamare, o la chiamarono, Omm Sety.
Questo è un caso particolare perché ha fornito moltissimi dettagli, anche se la sua storia è sempre rimasta molto discussa, come sempre accade.

Una delle tante particolarità di questo caso e che la memoria di Dorothy non è svanita crescendo ma al contrario si è invece rafforzata con il tempo, mano che lei invecchiava.

Scrisse 70 pagine a mano nel sonno, descrivendo la storia della sua vita passata nell'antico Egitto nei dettagli ed essa affermava di essere stata un'antica sacerdotessa egiziana, fornendo descrizioni accurate di tunnel nascosti nel tempio di Seti, che vennero effettivamente scoperti anni dopo dagli archeologi.

Questo chiaramente aggiunse un buon peso come valutazione al suo racconto, fornendo dati riscontrabili..

Fornì la posizione della tomba perduta di

Nefertiti nel 1972, cosa che si rivelò esatta nel 2015 quando le tecnologie più moderne ed i radar hanno identificato una camera esattamente dove era stato da lei indicato.

Anche le persone più scettiche, anche famosi egittologi, hanno riconosciuto che ciò che Dorothy ha raccontato e descritto va certamente al di là dell'intuizione

Naturalmente Dorothy ha dovuto affrontare molte sfide nella sua vita perché ha parlato apertamente di ciò che erano le sue convinzioni, e quindi della reincarnazione, ebbe come conseguenza molti detrattori e venne anche espulsa dalla scuola che frequentava, ebbe difficoltà nel suo matrimonio ma d'altro canto imparò a leggere i geroglifici senza alcun tipo di formazione, in maniera quasi naturale.

Ma andiamo al principio di questa esistenza, e precisamente a Londra nel 1904 dove Dorothy nacque.

Sviluppò questo forte legame con l'antico Egitto fin da piccolissima, a seguito di un'esperienza di premorte; cade da una rampa di scale e viene trovata prima di sensi, il medico la dichiarò morta, tuttavia dopo un'ora la trovarono sul letto che giocava tranquillamente senza alcun segno del trauma subito.

Dopo questo incidente però iniziò ad avere sogni ricorrenti e particolari dove vedeva un edificio grandissimo con le colonne, un giardino colmo di fiori e frutti e molto spesso piangeva dicendo che voleva tornare a casa, non accettando quella come casa sua.

Quando andava a visitare il British Museum si soffermava moltissimo a guardare le gallerie egiziane, spesso baciando i piedi delle statue e dicendo che quella era la sua gente, che lei doveva stare lì, a casa invece insisteva perché qualcuno le leggesse qualche storia dell'antico Egitto nell'enciclopedia.

A sei anni cominciò a leggere l'inglese come tutti i bambini ed aggiunse che i geroglifici le erano familiari ma semplicemente non si ricordava più come leggerli.

Circa un anno dopo vide il tempio di Seti I in alcune immagini che ritraevano l'Egitto, era esattamente quello che aveva sognato, disse che quella era casa sua ed era dove viveva, poi chiese in maniera molto triste perché fosse tutto rotto, domandò dov'era finito il suo giardino, e vedendo una mummia molto ben conservata di Seti I disse che lo aveva conosciuto di persona.

Quando ebbe 10 anni iniziò ad imparare a leggere i geroglifici, grazie ad un famoso egittologo, il Dottor Budge.

Dorothy aveva 15 anni quando descrisse il primo sogno di "incontro" che ebbe con la mummia del faraone Seti I.

Affermò che lui le aveva fatto ricordare la sua vita passata.

Col tempo si rivolse sempre più all'antica religione e smise di sentirsi attaccata al cristianesimo, religione che la accompagnava fin da bambina.

Iniziò ad avere sogni inerenti a quella vita

precedente, dove si vedeva con altre ragazze su stuoie di giunco, in una stanza molto grande, ed all'età di 27 anni sposò un giovane egiziano, trasferendosi così in Egitto.

Quando i suoi piedi toccarono l'Egitto per la prima volta, baciò la terra e si sentì accolta dalla sua vecchia casa.

Aveva un figlio che chiamava Sety.

Spesso di notte scriveva in geroglifico dicendo al marito che qualcuno chiamato Hor-ra le stava dettando i dettagli della sua vita precedente.

La storia è pressappoco la seguente: Dorothy ha raccontato che era la figlia di uno dei soldati di Seti I e di una donna che vendeva verdure.
Sua madre morì quando lei aveva tre anni e lei fu donata al tempio di Abydos, dove crebbe e divenne sacerdotessa.

A 12 anni affermò di essere diventata una vergine consacrata, ma pochi anni dopo incontrò "un dio vivente": il faraone Seti I.

Infatti, quando ebbe 14 anni, il giovane re Seti la notò ed ebbero una breve relazione.

.

Divennero amanti e Bentreshyt, questo il suo nome in egiziano all'epoca, rimase incinta.

Il sacerdote la picchiò per farsi raccontare chi fosse il padre del suo futuro bambino perché' quella faccenda avrebbe causato gravi problemi con Osiride, interessante ricordare che questa era un scena che ricordava molto spesso in sogno.

Disse anche che alla fine confessò che il figlio era del Re e, per evitargli una umiliazione ed un imbarazzo, e lei stessa si suicidò.
Raccontò anche che rimase molto innamorata di lui e che le due anime continuarono ad incontrarsi tra una reincarnazione l'altra, periodo per lei molto felice.

Dorothy e suo marito divorziarono nel 1936 e lei si spostò con il suo giovane figlio vicino le piramidi di Giza, iniziando a lavorare e costruendosi una importante carriera come egittologo.

Dopo 19 anni vissuti al Cairo, Dorothy Eady decise di trasferirsi quindi ad Abydos, aveva 52 anni e fondò una casa vicino alla montagna Pega-the-Gap.

Secondo le antiche credenze, quella era una montagna che rappresentava la via per l'aldilà.

In questa fase della vita cominciò a essere chiamata *Omm Sety*, che significa "madre di Sety".

Scrisse articoli, partecipò agli scavi, realizzò copie di opere d'arte e lavorò con importantissimi egittologi, molto famosi.

Quando arrivo al tempio che Seti aveva costruito disse semplicemente che era come se fosse entrata in un posto che conosceva dove aveva vissuto prima.

Durante una delle sue visite al tempio, l'ispettore capo del Dipartimento delle Antichità ha deciso di verificare le sue conoscenze.

Era curioso di sapere quanto realistiche fossero le sue spiegazioni.

A Dorothy è stato chiesto di stare accanto ai dipinti murali nell'oscurità.

 Le è stato quindi chiesto di identificarli con ciò che ricordava della sua vita passata.

Quando Eady riconobbe e descrisse le scene raffigurate sui muri nella oscurità totale e senza mai essere entrata in quella stanza prima e portò a termine il compito senza errori molte persone smisero di dubitare della sua storia.

La sua vita ad Abydos è stata piena di collaborazioni con egittologi che le chiedevano sostegno.

Ricordò il giardino, lo descrisse e ne indico' la posizione ed uno scavo successivo ne confermo' la ubicazione: era pieno di antichi ceppi di alberi.

Disse che fu' lì che incontrò Seti per la prima volta.

Rimase in quel luogo per tutta la sua vita, fino

alla fine, aiutando gli archeologi presso il tempio ma anche in altri siti archeologici ed inoltre fu una guida turistica

Morì nel 1981 ad 81 anni fu sepolta nel deserto vicino al cimitero locale.

Disse anche che nel tempio c'è un diario nascosto ed un tesoro, al momento questo luogo non è ancora stato raggiunto e deve ancora quindi essere scoperto.

Dorothy Eady ha anche detto ad altri ricercatori, tra le altre cose, come apparivano le preghiere e i rituali tradizionali.

Conosceva la trama di molti papiri religiosi ancor prima di leggerli.

Le sue descrizioni dei monumenti, dei rilievi e di altre cose che aveva visto nella sua vita precedente furono ripetutamente confermate dagli scavi.

Le venne dato della folle, ma gli psicologi hanno evidenziato che Dorothy non può essere assolutamente definita pazza, che i suoi contributi aiutarono moltissimo l'egittologia e che non poteva aver avuto accesso a molte informazioni che ha fornito e che hanno aiutato in numerose scoperte.

Nel corso degli anni, come immaginabile, molti scettici cercarono di confutare il racconto mistificante di Eady, ma nessuno riuscì mai a negare del tutto che lei fosse una delle amanti del faraone Seti I (1290 circa - 1279 a.C.).

Anche adesso, i ricercatori stanno ancora cercando di dimostrare che fosse una bugiarda, che in qualche modo avesse avuto accesso alla letteratura più recente e che avesse grandi capacità di recitazione.

Ma altri dicono che sia stata una delle persone più affascinanti che abbiano mai incontrato.

Inoltre, molti egittologi non hanno potuto negare le sue parole: aveva conoscenze che non erano disponibili agli specialisti che avevano lavorato in Egitto per molti anni.

Uno di loro è il famoso egittologo britannico Kenneth Kitchen.

Molti altri le chiesero aiuto, anche in base alle sue visioni ed ai suoi ricordi.

Molte scoperte sono state fatte sulla base delle sue parole, a esempio seguendo le sue informazioni, i ricercatori guidati da Otto Schaden hanno scoperto la tomba KV63 nella Valle dei Re, che si trova vicino alla tomba di Tutankhamon e conteneva sepolture di donne dei tempi della XVIII dinastia.

Disse, ridendo, di sapere dove è la tomba di Nefertiti e che si troverebbe in un luogo a cui nessuno penserebbe.

Resta un personaggio incredibile, al quale auguro di essersi ricongiunta al suo amato Seti.

Conclusioni

Abbiamo affrontato questo affascinante viaggio attraverso la storia della reincarnazione e le sue profondità, esaminando una gamma molto vasta di prospettive differenti, di riflessioni , abbiamo esplorato insieme le varie tradizioni filosofiche, partendo da quelle più antiche, dagli antichi egizi fino ad arrivare ai giorni nostri con i più eminenti ricercatori e studiosi del fenomeno fino alle storie vere di persone che hanno raccontato le loro esperienze, spesso attraverso i figli.

Abbiamo cercato di dare un'occhiata all'anima umana nel suo viaggio attraverso il tempo attraverso lo spazio

Esplorando così a fondo questo fenomeno si è scoperto quindi che la reincarnazione non è soltanto un qualcosa di antico ma in realtà diventa qualche cosa che ci permette di considerare quanto profondo sia il concetto regalandoci momenti di introspezione ed attraverso le storie che vi ho raccontato, di coloro che ricordano le loro vite passate, abbiamo avuto la possibilità di cercare un legame più profondo magari con il nostro stesso passato, considerando che il nostro destino può andare oltre una sola singola esistenza.

Le radici spirituali ma anche filosofiche della reincarnazione ci offrono una lente attraverso la quale poter considerare il senso della vita stesso, quello del concetto di karma ma anche quello finale che è quello della liberazione dello spirito perché abbiamo capito che la rinascita non è volta soltanto alla continuità dell'individuo in questo o in un'altra dimensione, in questo o in un altro corpo, bensì è un viaggio che porterà tutte le anime ad una crescita ed una trasformazione verso lo scopo ultimo: la liberazione

Il nostro viaggio quindi ci ha fatto riflettere su che cos'è l'esistenza, sulla natura dell'esistenza umana e su tutto ciò che ci lega a quello che c'è intorno, all'universo anche dimensioni Hanoi sconosciute o semplicemente dimenticate

Realtà?

Illusione?

Quello che è importante è il mistero, la meraviglia, la curiosità di fronte a quello che ai nostri occhi appare l'eternità

Mentre mi accingo a chiudere queste pagine desidero lasciarvi con la consapevolezza che in fondo il viaggio dell'anima è un viaggio infinito, in movimento, in crescita, consapevole, alla ricerca di illuminazione di conoscenza.

Spero che ognuno di noi possa trovare conforto nella idea che in qualche maniera, in qualche modo, in qualche forma siamo tutti parti di un disegno più grande ma siamo tutti destinati a incontrarci nuovamente, in un girotondo senza fine, fatto di nuove esperienze e del ritrovarci gli uni con gli altri.

Non importa se siete ricercatori, filosofi oppure semplicemente delle persone giustamente curiose: mi auguro che attraverso questo mio libro e queste mie riflessioni vi possiate sentire arricchiti ma soprattutto ispirati a continuare nella vostra ricerca e nella esplorazione dei misteri più profondi, quelli che riguardano la vita e la morte.

Saluti

Concludere un viaggio attraverso le pagine di questo libro sulla reincarnazione è come salutare un vecchio amico dopo aver condiviso storie, riflessioni e visioni.

Ogni capitolo è stato un passo verso la comprensione di un concetto millenario che continua a suscitare meraviglia e dibattito nei cuori e nelle menti di chi si interroga sul mistero della vita e della morte

Mentre chiudiamo questo volume, possiamo portare con noi non solo le narrazioni di vite passate e le riflessioni filosofiche, ma anche un senso di apertura mentale e rispetto per le molteplici prospettive che il mondo spirituale offre.

Che tu abbia trovato conferme alle tue credenze o nuove domande da esplorare, ciò che conta è il viaggio stesso, il processo di scoperta e connessione con il mistero dell'esistenza

Che tu creda nella reincarnazione o meno, spero che questo libro abbia stimolato la tua mente e il tuo spirito, aprendo finestre su mondi interiori e possibilità inaspettate.

Che tu possa continuare a esplorare, a domandare e a crescere lungo il tuo percorso personale, portando con te la consapevolezza che siamo tutti legati da fili invisibili di esperienza e comprensione.

Con questi pensieri e con l'augurio di nuove scoperte e di una continua crescita interiore, ti saluto con gratitudine e con la speranza di ritrovarti ancora una volta nel meraviglioso viaggio della conoscenza e dell'esplorazione.

A presto!

Con amore.
Paola

Chi e' l'autrice

Paola Cavallero, Savonese, cosmopolita, vive nel Regno Unito da molti anni.

Si definisce *alchimista emozionale.*

Fin da giovane ha dimostrato di avere una particolare sensibilità' e di avvertire profondamente le energie sottili che circondano tutti noi.

Si occupa di ipnosi regressiva e progressiva (metodo Brian Weiss), ipnosi quantico-medianica Cavallero ©, di crescita personale e di coaching.

Tiene regolarmente corsi in Regno Unito, Spagna ed Italia, dove insegna ciò che scrive nei suoi libri.

Dopo oltre 30 anni di viaggi ed esperienze in luoghi differenti, quali l'Africa, Amazzonia, il Sud America e l'Asia, dove ha avuto modo di conoscere riti e tradizioni tribali, ha deciso di condividere con tutti noi quello che ha imparato, sperimentato e lo ha rivisto a modo suo, con un concetto moderno e semplice, per rendere fruibili gli insegnamenti ricevuti e per semplificare l'utilizzo pratico nel vivere quotidiano.

Iscritta all'albo dei Pranoterapeuti sin dagli anni '90, si occupa inoltre di metafonia dal 1985, ovvero la registrazione delle cosiddette 'voci', offrendo da anni il suo contributo alle tante persone che hanno perduto un caro attraverso i messaggi che riceve, con la speranza di poter, in parte, lenire il dolore.

Si occupa anche di metavisione ed ha una mente aperte verso tutti i tipi di fenomeni di tipo medianico.

Uno dei suoi canali Youtube si chiama ' ipnosi regressiva alle vite precedenti e metafonia '.

ALTRI TITOLI

- I 7 meravigliosi specchi Esseni
- Channelling Oltre il velo:
  guida al channelling spirituale.
  Include gli esercizi per la pratica.
- Le trame dell'eterno: alla scoperta delle
  anime antiche
- Gratitudine: La Tecnica che Sconvolge le
  Regole e Trasforma la Vita
- Il grande libro dei sacchetti magici
- La tecnica segreta dei 99 intenti:
  manifesta tutti i tuoi sogni in realtà
- Il libro delle risposte d'amore, oracolo 2.0
- Il potere dei Salmi: ponte tra cielo e terra,
  la magia svelata.
- Ho abbracciato un cactus ed ora
  finalmente mi amo

- Ho'oponopono svelato
- La legge della manifestazione e come precipitare cosa desideriamo
- Apriamo e purifichiamo i Chakra da soli
- Incantesimi d'amore, il tocco magico che trasforma la tua vita
- Il libro delle risposte Zen, Oracolo 2.0
- Le candele magiche ed il loro uso

Sono inoltre disponibili le versioni tradotte in altre lingue.

Note

....

....

....

....

....

....

....

....

....

....

....

....

....

....

....

....

....

. . . .

. . . .

. . . .

. . . .

. . . .

. . . .

. . . .

. . . .

. . . .

. . . .

. . . .

. . . .

. . . .

. . . .

. . . .

. . . .

. . . .

. . . .

. . . .

. . . .

. . . .

. . . .

. . . .

. . . .

. . . .

. . . .

. . . .

. . . .

. . . .

. . . .

. . . .

. . . .

. . . .

. . . .

. . . .

. . . .

. . . .

. . . .

. . . .

. . . .

. . . .

. . . .

. . . .

. . . .

. . . .

. . . .

. . . .

. . . .

. . . .

. . . .

....

....

....

....

....

....

....

....

....

....

....

....

....

....

....

....

....

. . . .

. . . .

. . . .

. . . .

. . . .

. . . .

. . . .

. . . .

. . . .

. . . .

. . . .

. . . .

. . . .

. . . .

. . . .

. . . .

www.ingramcontent.com/pod-product-compliance
Lightning Source LLC
Chambersburg PA
CBHW070821250726
48662CB00003B/1031